X

24193

NOTIONS ÉLÉMENTAIRES

DE

RHÉTORIQUE ET DE LITTÉRATURE

NOTIONS ÉLÉMENTAIRES
DE RHÉTORIQUE
ET DE LITTÉRATURE

D'APRÈS

LE PLAN D'ÉTUDES DES LYCÉES

DU 30 AOUT 1852

PAR M. A. DIDIER

PROFESSEUR DE RHÉTORIQUE AU LYCÉE NAPOLÉON.

PARIS

DEZOBRY ET E. MAGDELEINE
LIBRAIRES-ÉDITEURS

RUE DES MAÇONS-SORBONNE, 1

—

1853

PARIS

IMPRIMERIE DE J. CLAYE ET Cᵉ

RUE SAINT-BENOÎT

AVERTISSEMENT

Nous avons essayé de résumer en un petit nombre de pages les réponses aux questions du programme officiel ci-dessous. La sixième question n'était pas portée sur les anciens programmes du baccalauréat; la septième n'y figurait qu'en partie; le texte ne faisait pas mention des qualités *qui caractérisent les chefs-d'œuvre de la prose française*. Les six autres appartiennent aux programmes antérieurs et ont été développées dans plusieurs manuels, indépendamment des grands traités de critique, tels que la *Lettre* et les *Dialogues de Fénelon sur l'Éloquence*, le *Traité des Études de Rollin*, les *Leçons de Rhétorique de Blair*, les *Éléments de Littérature de Marmontel*, etc. Il nous a semblé cependant que l'on pouvait, même après les livres actuels, traiter encore ces questions si difficiles et si importantes pour l'éducation de l'esprit. Dix ans d'enseignement de la Rhétorique, en ramenant constamment ces questions sous nos yeux, nous ont montré combien les élèves ont de peine à se former là-dessus des notions nettes et précises. Nous avons tâché d'aider leur intelligence, et de satisfaire à ces deux conditions si difficiles : la brièveté et la clarté.

Pour répondre au Programme, il fallait s'en tenir à des notions élémentaires qui, cependant, supposent des connaissances acquises, et exigent des développements impossibles sans le secours des exemples, des citations et des lectures. Les limites d'un *précis* ne permettent pas de multiplier les exemples; nous avons dû chercher les plus frappants, et renvoyer souvent l'élève aux leçons de ses maîtres et aux études de la classe : il y trouvera le développement et l'application de nos réponses; il verra, par exemple, en étudiant l'*Élysée* de Virgile et celui de Fénelon, en quoi la poésie diffère de la versification. En comparant une description de Delille à une scène de Racine, il fera la différence du versificateur et du poëte. Quand il rencontrera dans notre *Précis* les titres des chefs-d'œuvre anciens ou modernes, donnés pour exemples de l'épopée, du drame, de l'éloquence, il appliquera aisément nos observations aux détails que lui auront donnés ses maîtres; il y joindra ses propres réflexions, et, à l'aide de ces notions, résumées selon l'intention du programme, il pourra substituer des idées précises et durables à des réminiscences confuses et fugitives.

Nos citations et nos exemples sont pris surtout dans la littérature française ; ils intéresseront plus les élèves de la section scientifique. Quant aux élèves de la section littéraire, ils trouveront aisément, dans leurs souvenirs et leurs études, les exemples que nous pouvions emprunter aux modèles immortels de l'antiquité.

A. D.

QUESTIONS DU PROGRAMME DU 30 AOÛT 1852, paragraphe XI, *Notions littéraires, classe de rhétorique.*

« Dans la suite des leçons, le professeur de rhétorique exposera « des notions élémentaires de littérature, qu'il résumera à la fin du « cours par les questions suivantes :

« 1. En quoi la poésie diffère de la versification, et quelles sont « les principales formes de vers en latin et en français.

« 2. Des principaux genres de poésies et de leurs divers caractères.

« 3. Des genres de prose et de leurs caractères différents.

« 4. De l'art oratoire ou rhétorique. — Des diverses parties de la « rhétorique.

« 5. Des diverses parties du discours.

« 6. Quelles sont, parmi les règles de l'art oratoire, celles qui « s'appliquent à toute composition.

« 7. Quelles sont les qualités générales du style, et parmi ces « qualités, celles qui caractérisent plus particulièrement les chefs-« d'œuvre de la prose française.

« 8. Des principales figures de pensées et de mots. »

NOTIONS ÉLÉMENTAIRES

DE

RHÉTORIQUE ET DE LITTÉRATURE

I.

En quoi la poésie diffère de la versification, et quelles sont les principales formes de vers en latin et en français.

I. En quoi la poésie diffère de la versification.

1° Poésie. — La poésie est difficile à définir d'une manière absolue, parce que le sentiment, qui en est l'âme, échappe à la définition par sa mobilité, son indépendance et ses transports. Fénelon, cependant, en a donné l'idée la plus complète et la plus heureuse, en disant : « La parole animée par les vives images, par « les grandes figures, par le transport des passions et « par le charme de l'harmonie, fut nommée le langage « des dieux. » (*Lettre à l'Académie*, § V, page 30 de l'édit. classiq. annotée par M. Despois.)

C'est ce besoin des *vives images* qui a fait comparer si souvent le poëte au peintre. La poésie, en effet, n'est pas l'histoire exacte et minutieuse de la vie humaine ; mais elle en est l'imitation et la peinture. Elle est l'imitation de la vérité *idéale*, c'est-à-dire dégagée des imperfections accidentelles qui altèrent les modèles du beau ; dégagée des traits passagers et périssables qui changent avec les hommes et les siècles. Elle réduit les caractères, les mœurs et les passions des hommes à leurs traits généraux, universels, communs à toute l'humanité, indépendants des variétés de costume et d'habitudes particulières à chaque peuple et à chaque époque. De ces traits généraux et universels, elle compose cet idéal que le xviie siècle appelait *l'idée* ou *l'original* de la vérité; « type excellent de beauté, dit Cicéron, où se « fixaient les yeux et l'âme de Phidias, et d'après lequel « se dirigeait sa main. » (*Orator*, init.)

Cette passion de l'idéal fait l'inspiration du poëte, comme celle de l'artiste. L'artiste lui doit la vérité qui fait les chefs-d'œuvre; vérité admirable, mais dont l'expression est une, immuable, fixée à jamais dans une statue antique ou un tableau de Raphaël. Le poëte y puise des images aussi vives, mais multiples et complètes, parce qu'il peut reproduire à loisir toutes les variétés de l'idéal, sous la forme mobile et flexible du langage. Par leur beauté idéale, les héros des poëtes anciens et ceux des classiques modernes sont aussi vrais, aussi vivants à nos yeux qu'ils l'étaient dans l'âme des poëtes qui les ont créés. Nous sommes émus et transportés de leurs passions, parce qu'ils expriment, avec la langue du génie, des sentiments communs à tous les hommes.

Cette loi du beau idéal dans la poésie n'exclut pas cependant la peinture des passions coupables et des vices; car la poésie, et surtout la poésie dramatique, est l'imitation de la vie. Mais elle les peint avec de fortes couleurs, sous des traits énergiques, qui inspirent la crainte, l'éloignement, l'horreur. Néron et Athalie, créations poétiques et idéales, avec toute la vérité de l'histoire, expriment dans des types impérissables, la perfidie, la cruauté, l'orgueil et l'impiété. Le poëte donne alors aux hommes une leçon indirecte, et leur enseigne le devoir et la vertu par la peinture de leurs contraires.

Ainsi donc, les caractères et les conditions de la poésie sont : — La vérité et la beauté idéales, — l'expression passionnée de cette vérité, par des traits qui animent tout, qui donnent à la nature, même insensible, la pensée, le sentiment et la vie ; par des couleurs riantes et des grâces, qui touchent la sensibilité et enchantent l'imagination. — L'intention morale, c'est-à-dire le goût du bien, qui anime le poëte, et qui se développe dans les âmes par le commerce des sentiments honnêtes et des pensées généreuses, par le génie employé, dit encore Fénelon, « à transporter les hommes en faveur de la sagesse, de la vertu et de la religion. » — Enfin, la dernière condition est une langue harmonieuse, musicale, qui aide à toucher l'âme en charmant l'oreille.

Langue poétique. — Cette langue est libre et hardie dans ses mouvements, comme l'inspiration qu'elle exprime. Elle aime les grandes figures, les expressions vives. Elle écarte les termes abstraits, qui ne parlent pas à l'imagination. Elle cherche les images, les comparaisons, la couleur, l'éclat. Elle prête la vie aux objets inanimés, quelquefois même aux abstractions, qu'elle personnifie. Elle repousse les termes bas, les trivialités, les mots techniques réservés exclusivement aux métiers. Elle use de la *périphrase*, mais à propos, dans l'intérêt de la force ou de la dignité du style ; — de l'*ellipse*, qui rend la pensée plus vive et plus énergique ; — de l'*inversion*, qui la rend plus libre, qui donne aux mots un tour neuf et saisissant, propre à la poésie. Elle est constamment pleine et nombreuse. Elle aime l'harmonie jusqu'à l'imitation, jusqu'à la peinture des objets par le concours des sons harmonieux ou rudes. Virgile, Racine, La Fontaine, tous les grands poëtes, en offrent mille exemples.

2° Versification. — Outre ces qualités, la langue poétique, pour obéir à cette impérieuse loi de la cadence, réduit et circonscrit la pensée dans des formes régulières et harmonieuses, qu'on appelle les *vers*. La science des vers, l'art d'en varier la structure, le rhythme, la cadence, s'appelle *versification*.

La versification n'est pas la compagne inséparable de la poésie : leur union est étroite, sans être indissoluble. Ainsi, il est impossible d'appeler le *Télémaque* un roman; on n'ose pas lui donner le nom de poëme, et cependant, ce livre a été composé avec l'âme d'un poëte.

La *versification* est donc un instrument dont le sentiment poétique peut à la rigueur se passer. La *prose*, ou l'expression libre de la pensée sans entraves ni contrainte (*prosa oratio, sermo solutus, sermo pedestris*), la prose n'est pas interdite à l'inspiration poétique. Bossuet a, dans mille endroits, la splendeur et l'harmonie des plus grands poëtes, et l'on ne comprend même pas quels vers remplaceraient cette prose incomparable. Toutefois, ces merveilleux exemples ne sont que des exceptions. Bossuet se fût irrité du nom de poëte ; Fénelon en eût été surpris. Ils ne séparaient pas la poésie de ce que Boileau appelle l'*art des vers*, et ils avaient raison. S'autoriser de ces grands noms pour affranchir la poésie de la gêne du vers, ce serait admettre parmi les œuvres littéraires une forme fausse et fatigante, qui s'est plus d'une fois essayée dans notre langue, et qu'on appelle la *prose poétique*. C'est une prose lâche, embarrassée d'épithètes, où le sentiment poétique, appelé péniblement, tourne à la fausse couleur et à la fausse chaleur. Elle énerve l'esprit, altère la langue, confond les genres littéraires ; elle est l'amusement des esprits médiocres, incapables de la vraie inspiration qui fait la poésie.

Ainsi, la *versification* est une partie considérable de l'*art des vers*. Ce n'est qu'un instrument, mais un instrument merveilleux. Elle donne à la pensée, *pressée aux pieds nombreux du vers, l'éclat du son dans la trompette*, comme parle Montaigne. Elle enchante l'oreille, et ajoute à la puissance de la vérité le charme inexprimable de la mélodie. Mais, comme tous les instruments, la versification ne vaut que par le génie du poëte. Il est facile aux esprits médiocres d'en pénétrer les secrets et d'en posséder le mécanisme. Les vers habilement faits ne sont pas toujours les beaux ni les bons vers. La patience, avec une facilité naturelle, la culture de l'esprit, une longue habitude des tours poétiques, une bonne mémoire, peuvent faire un versificateur habile, brillant même, comme Delille; mais ce n'est que la moindre partie du poëte. Les innovations même et les hardiesses de facture se transportent et s'imitent; et, pour emprunter un mot célèbre de Buffon, *ces choses sont hors du poëte; le poëte, c'est l'homme même.*

II. Quelles sont les principales formes de vers en latin et en français?

Les vers latins sont *métriques*, c'est-à-dire *mesurés* sur la *quantité* des syllabes *longues* et *brèves*, dont les diverses combinaisons forment ce qu'on appelle les *pieds.*

Les vers français sont *syllabiques*, c'est-à-dire composés d'un nombre de syllabes déterminé. Ils sont, de plus, astreints à la règle de la *rime* ou consonnance finale de deux vers.

Une règle commune à la versification des deux langues est celle de la *césure,* ou repos de la voix, qui coupe le vers et suspend la pensée. Dans les vers latins, la césure est marquée par une syllabe longue qui termine un mot et commence un pied. En français, elle est tout entière dans la coupe du vers.

1° *Vers latins.* Les principaux *pieds* en latin sont le *spondée* (*ĭngēns*), le *dactyle* (*grœcĭă*), l'*iambe* (*părēns*). Les formes principales de vers sont l'*hexamètre*, le *pentamètre* ou *élégiaque*, et l'*iambique.* Nous y joindrons les principales strophes lyriques.

L'*hexamètre* se compose de six pieds; les quatre premiers spondées ou dactyles, le cinquième dactyle, le sixième spondée.

Ēxīīt | ādcœ |·lūm rā | mīs fē | lĭcĭbŭs | ārbōs.

VIRGILE.

Le vers hexamètre se termine quelquefois par deux spondées, toujours précédés d'un dactyle. Il s'appelle alors spondaïque.

Cārŭ Dĕ | ūm sŏbŏ | lēs, mā | gnūm Jŏvĭs | īncrē | mēntūm.

VIRGILE.

La césure est obligatoire au troisième pied :

Nunc me fluctus habet, versantque in littore venti.

très-élégante au second et au quatrième :

Ipse thymum pinosque ferens de montibus altis.

interdite au cinquième, à moins qu'elle ne produise un effet poétique :

Sternitur, exanimisque, tremens, procumbit humi bos.

VIRGILE.

Le *pentamètre* ou *élégiaque* se compose de cinq pieds, partagés en deux hémistiches, le premier formé de spondées ou de dactyles, suivis d'une césure, le second, de deux dactyles, suivis également d'une césure.

Dīffŭgĭ | ūnt ăvĭ | dōs | cārmĭnă | sōlă rŏ | gōs.

OVIDE.

La réunion de l'hexamètre et du pentamètre s'appelle *distique*.

Ossa quieta, precor, tuta requiescite in urna;
Et sit humus cineri non onerosa tuo.

OVIDE.

Le vers *iambique* est *pur*, c'est-à-dire composé uniquement d'iambes;

Sŭīs | ēt ĭp | să Rō | mă vĭ | rĭbūs | rŭĭt.

HORACE.

ou mêlé d'autres pieds; mais le second, le quatrième et le sixième sont nécessairement des iambes :

Aŭt prē | ssă pū | rĭs mē | llŭ cōn | dĭt· ăm | phŏrīs.
HORACE.

Les principales formes des vers lyriques sont l'*asclé-piade* ou *choriambique*, qui se scande de deux manières :

Cōnjū | rātă tŭ | ās | rŭmpĕrĕ | nŭptĭăs [1].
Cōnjū | rātă tŭās | rŭmpĕrĕ nūp | tĭās.
HORACE.

Le vers *saphique*, attribué à Sapho :

Īntĕ | gēr vĭ | tœ scĕlĕ | rīs quĕ | pūrŭs.

La strophe saphique se compose de trois vers saphiques et d'un vers *adonique* :

Jām să | tīs tēr | rīs nĭvĭs | ātquĕ | dīrăe
Grandinis misil Pater, et rubente
Dextera sacros jaculatus arces.
Tērrŭĭt | Urbēm.
HORACE.

Le vers *alcaïque*, attribué au poëte Alcée.

Rĕtōr | tŭ tēr | gō | brāchĭŭ | lībĕrŏ.
HORACE.

La strophe alcaïque est formée de quatre vers, deux alcaïques, un *iambico-trochaïque* et un *dactilico-tro-chaïque* :

Æquām | mĕmēn | tō | rēbŭs ĭn | ārdŭĭs
Serva | re men | tem | non secus | in bonis
Ab ĭn | sŏlēn | tĭ tēm | pĕrā | tăm
Lætĭtĭ | ā mŏrĭ | tūrĕ | Dĕllĭ.
HORACE.

Pour les détails, voir les Prosodies.

2° *Vers français.* — Le vers le plus long, et ensemble le plus harmonieux et le plus riche, est l'*alexandrin*, composé de douze syllabes. La césure s'y place d'ordinaire à l'hémistiche ; mais les plus grands poëtes ont pallié ce que cette règle a de rigoureux et de monotone ; on en citerait mille exemples :

1. La dernière syllabe d'un vers est longue ou brève à volonté.

Il me représenta l'honneur et la patrie...,
De quel front | , immolant tout l'État à ma fille,
Roi sans gloire | , j'irais vieillir dans ma famille.

RACINE.

L'harmonie impose la rime à la versification française, condition nécessaire dans une langue où l'accent ne distingue pas suffisamment les brèves et les longues.

Les vers *blancs,* c'est-à-dire qui ne riment point, n'ont jamais pu se faire admettre en français, malgré quelques essais de Voltaire en vers, de Vauvenargues et de Marmontel en prose. La poésie anglaise et la poésie allemande s'en servent heureusement; mais notre langue, où l'accent est moins sensible, ne peut se passer des rimes. Le vers blanc fatigue par sa cadence, où l'oreille est perpétuellement déçue et attend toujours une consonnance qui ne vient pas. Dans la prose, le vers blanc est une négligence, une tache. Que dire des écrivains qui ont affecté d'écrire des pages entières et même des livres en *vers blancs?*

Les rimes sont *masculines*, c'est-à-dire terminées par une syllabe fermée et un son plein, ou *féminines*, c'est-à-dire terminées par un *e* muet. Dans les alexandrins, les rimes se suivent deux à deux, et on les appelle *rimes plates.* Corneille, Racine, dans leurs tragédies, et Molière, dans ses grandes comédies, les ont consacrées avec une perfection désespérante, comme la plus belle forme de la poésie dramatique. Quand elles se mêlent régulièrement, on les appelle *rimes croisées.*

Source délicieuse, en misères féconde,
Que voulez-vous de moi, flatteuses voluptés?
Honteux attachements de la terre et du monde,
Que ne me quittez-vous, quand je vous ai quittés?

P. CORNEILLE.

Dans les vers *libres*, comme ceux de La Fontaine, les rimes se mêlent au gré du poëte.

Le vers de dix syllabes, vif rapide, excellent pour l'épigramme, prend la césure au quatrième pied :

Rions, chantons, | dit cette troupe impie.
RACINE.

Créqui prétend | qu'Oreste est un pauvre homme
Qui soutient mal le rang d'ambassadeur.
ID.

Le vers de huit syllabes n'a pas de césure :

Je porte en un cœur tout chrétien
Une flamme toute divine.
P. CORNEILLE.

Les vers plus courts sont plus rares. Il y en a de sept syllabes :

Quand la bise fut venue.
LA FONTAINE.

De six :

Tous ceux que la Fortune
Faisait leurs serviteurs.
MALHERBE.

De cinq et de quatre syllabes :

Rompez vos fers,
Tribus captives,
Troupes fugitives.

Ceux de trois et au-dessous ne sont que des hasards heureux :

Différentes d'humeur, de langage et d'esprit,
Et d'habit.
LA FONTAINE.

A ces règles, il faut ajouter la règle de l'*élision*, qui fait disparaître l'*e* muet devant une voyelle :

Ma vie est votre bien ; vous voulez le reprendre.
RACINE.
Le chagrin monte en croupe, et galope après lui.
BOILEAU.

et la règle de l'*hiatus*, qui interdit la rencontre de deux voyelles ou d'une voyelle et d'une *h* aspirée :

Gardez qu'une voyelle, à courir trop hâtée,
Ne soit d'une voyelle en son chemin heurtée.
BOILEAU.

II.

Des principaux genres de poésie et de leurs divers caractères.

1° DES GENRES. — On appelle *genres* les grandes divisions des êtres et des objets, abstraits ou réels, déterminées d'après leurs caractères propres et leurs différences relatives.

Dans la littérature, qui n'est autre chose que la langue de l'âme, les genres répondent aux formes diverses de la pensée et aux mouvements de la sensibilité. Si l'âme est tout entière à la réflexion, si la pensée et la raison dominent, elles adoptent la forme et créent le genre de la *prose*, dont la liberté et la souplesse se prêtent mieux à l'analyse et à l'exposition de la vérité. Si l'âme, vivement émue, s'abandonne aux élans de la passion et aux fantaisies de l'imagination, pour le plaisir de peindre, et de toucher par l'image harmonieuse du beau, l'inspiration, nous l'avons vu, prend le nom de *poésie*.

Mais l'inspiration poétique est mobile comme l'âme, et les genres poétiques sont l'expression de cette mobilité.

Dans la poésie, et même dans la prose, les genres ne représentent pas des divisions rigoureuses. Ce sont de grandes familles qui se touchent par beaucoup de points, comme se touchent les espèces et les variétés dans les classifications des sciences naturelles. Les facultés de l'âme sont à la fois distinctes et complexes. Dans des proportions inégales, chaque genre en demande l'action et le secours. Mais cette inégalité même, qui fait dominer une faculté sur les autres, est l'origine et l'essence du genre.

Les caractères des genres poétiques ont été marqués par la nature à la naissance même de la poésie. Plus tard la critique, aidée de l'observation et de l'expérience, sépare et classe les œuvres des poëtes. Les caractères naturels tournent en règles reconnues, quelquefois même en règles rigoureuses; comme chez nous au xviie et au xviiie siècle.

2° ART POÉTIQUE ET POÉSIE. — On comprend dès lors ce qu'est l'*art poétique*, et comment il se distingue de la poésie. Celle-ci est la création et l'œuvre du génie. L'art poétique, qui exige encore chez le critique quelque chose de l'âme du poëte, est le recueil des observations faites sur les maîtres immortels, depuis Homère jusqu'à nos jours : c'est un code de règles nées des chefs-d'œuvre, et où le goût a essayé de réduire en principes les élans et les inspirations du génie.

3° GENRES POÉTIQUES. — La poésie se peut diviser en quatre genres principaux, où ne rentrent pas encore toutes les fantaisies de l'invention poétique, surtout chez les modernes. Ces genres sont : la poésie lyrique, la poésie épique, la poésie dramatique et la poésie didactique.

4° POÉSIE LYRIQUE. — La poésie lyrique, née du chant et de la lyre (λύρα) apparaît à l'origine des peuples, et peut les accompagner toute leur vie. Bossuet en esquisse à grands traits l'histoire et les caractères.

« Il se faisait (dans les anciens temps) des cantiques « que les pères apprenaient à leurs enfants; cantiques « qui se chantant dans les fêtes et dans les assemblées, « y perpétuaient la mémoire des actions les plus écla- « tantes des siècles passés.

» De là est née la poésie, changée dans la suite en « plusieurs formes, dont la plus ancienne se conserve « encore dans les odes et dans les cantiques employés « par tous les anciens à louer la Divinité et les grands « hommes.

» Le style de ces cantiques, *hardi, extraordinaire,* « *naturel toutefois, en ce qu'il est propre à représenter* « *la nature dans ses transports, qui marche pour cette*

« *raison par de vives et impétueuses saillies, affranchi*
« *des liaisons ordinaires que recherche le discours uni,*
« *renfermé d'ailleurs dans des cadences nombreuses qui*
« *en augmentent la force, surprend l'oreille, saisit*
« *l'imagination, émeut le cœur, et s'imprime plus aisé-*
« *ment dans la mémoire.* » (Discours sur l'Histoire
universelle, IIe part., chap. III.)

Dans cette admirable peinture, on reconnaît les caractères de l'ode, tracés par Boileau d'une main plus tran-
quille :

> L'ode, avec plus d'éclat, et non moins d'énergie,
> Élevant jusqu'au ciel son vol ambitieux,
> Entretient dans ses vers commerce avec les dieux...
> Son style impétueux souvent marche au hasard ;
> Chez elle, un beau désordre est un effet de l'art.

Art poétique, II, 58.

Mais Boileau décrivait l'ode d'après les modèles antiques, sans songer aux effusions lyriques qui remplissent
l'Écriture sainte, et qui s'épanchaient dans l'éloquence
de Bossuet. Sa piété eût craint d'introduire la critique
littéraire dans les livres saints. Avec la hardiesse du
génie, Bossuet peint, comme il la sentait, l'ode religieuse, patriotique et guerrière, telle que l'offrent le
Cantique de Moïse après le passage de la Mer Rouge et
les Psaumes de David.

La poésie lyrique, chez les Grecs, naît également de
la religion. Dans le *dithyrambe*, elle chante les exploits
de Bacchus et des dieux. Elle est patriotique, quand elle
célèbre avec Pindare ces victoires des jeux olympiques,
qui passionnaient l'âme ardente et fière d'un peuple
artiste et libre. De ces hauteurs sublimes, elle descend
avec Alcée, Sapho, Horace et les modernes, à l'expression de l'amour et de la grâce.

> Elle peint les festins, les danses et les ris.

Mais, sublime ou gracieuse, la poésie lyrique est
toujours libre et spontanée. C'est l'inspiration propre et

personnelle du poëte, indépendante du temps, des objets extérieurs, des règles convenues. Elle n'a d'autre but que de toucher les passions quand et comme il lui plaît.

5° Poésie épique. — La poésie épique au contraire est, comme la poésie dramatique, soumise à des conditions et à des règles particulières, indépendamment des grandes règles du goût.

« L'épopée, dit Voltaire, est un récit en vers d'aven-
« tures héroïques » (Ἔπος, vers, ποιεῖν, faire). En effet, elle raconte la vie, la gloire et les mœurs des hommes. Le poëte épique est, par la puissance de son imagination, le témoin et le peintre passionné de grandes révolutions comme la chute de Troie et la fondation de Rome, d'exploits héroïques comme la délivrance des saints lieux; on l'a vu, chantre inspiré, raconter dignement les mystères de la création et de la chute du premier homme. Mais il ne parle plus en son propre nom que par hasard. Son inspiration cesse de lui appartenir à lui seul; il la prête à ses héros, il la fait passer dans leur bouche. Ainsi confiée à ces interprètes que son génie a créés, elle se soumet à des règles et à des convenances que l'ode ne connaissait pas.

Caractères et destinées de la poésie épique.

D'un air plus grand encor, la poésie épique,
Dans le vaste récit d'une longue action,
Se soutient par la fable et vit de fiction.
>> Boileau, *Art poétique*, chant iii, v. 260, page 229
de l'édit. class. annotée par M. J. Travers.

La grandeur du sujet, la majesté de la poésie, le merveilleux, sont en effet les caractères de l'épopée consacrée par les grands maîtres.

Faites choix d'un héros propre à m'intéresser,
En valeur éclatant, en vertus magnifique...
On s'ennuie aux exploits d'un conquérant vulgaire.
>> *Ibid*, 246, page 236.

L'unité d'action est une condition commune à toutes les œuvres de l'art; mais Boileau la prescrit au poëte épique, que séduirait trop aisément la richesse du sujet, et lui interdit le facile abus des épisodes.

> N'offrez pas un sujet d'incidents trop chargé.
> Le seul courroux d'Achille, avec art ménagé,
> Remplit abondamment une Iliade entière.
>
> *Ibid.*

Enfin, grâce au merveilleux, c'est-à-dire à l'intervention des puissances surnaturelles,

> Tout prend un corps, une âme, un esprit, un visage;
> Chaque vertu devient une divinité :
> Minerve est la pudeur, et Vénus la beauté.
>
> *Ibid.*

Tels sont les caractères et les lois que le goût assigne à la poésie épique; mais de nos jours, il est difficile d'y voir des règles pour l'éducation du poëte, proposées aux imitations des modernes. L'épopée vieillit promptement; à de rares exceptions près, elle n'est que l'inspiration de la jeunesse des peuples. Quand la science et l'esprit d'examen ont détruit le merveilleux en dépouillant la nature de ses illusions et de ses prestiges, quand le témoin discute au lieu de croire, et que le bon sens inexorable de l'historien succède à la crédulité naïve du poëte, l'épopée n'est plus qu'une œuvre artificielle; la poésie s'en est retirée.

6° Poésie dramatique. *Caractères et divisions du genre.* — La poésie dramatique est d'ordinaire l'œuvre d'un âge plus mûr et d'un art plus habile. Elle nous montre la vie en *action* (δρᾶμα). Le poëte, qui déjà dans l'épopée s'effaçait derrière ses héros, se cache ici et disparaît complétement. L'action se développe seule; les héros s'adressent à nous sans intermédiaire, et nous apprennent directement par le dialogue leurs mœurs, leurs pensées et leurs passions.

Triste ou joyeux, tragique ou ridicule tour à tour,

quelquefois même l'un et l'autre tout ensemble, le spectacle de la vie a inspiré promptement deux genres dramatiques, *la tragédie* et *la comédie.* Les Grecs, dans les fêtes de Bacchus, firent paraître sur un théâtre leurs dieux et leurs héros, pour varier et égayer le culte du dieu du vin, culte à la fois héroïque et plaisant, lyrique et moqueur. Les noms des deux genres ont consacré pour toujours le souvenir de cette origine (ᾠδή, chant, τράγος, bouc que l'on immolait à Bacchus ; κώμη, bourg ; où l'on promenait les représentations dramatiques, ou peut-être κῶμος, fête, repos, réjouissance).

> Ainsi, pour nous charmer, la tragédie en pleurs
> D'Œdipe tout sanglant fit parler les douleurs,
> D'Oreste parricide exprima les alarmes,
> Et pour nous divertir nous arracha des larmes.
>
> BOILEAU, *Art poétique*, 8, page 217.

> Des succès fortunés du théâtre tragique
> Dans Athènes naquit la comédie antique.
> Là le Grec, né moqueur, par mille jeux plaisants,
> Distilla le venin de ses traits médisants.
>
> ID., *Ibid.* page 335.

A travers les révolutions des siècles et des mœurs, ces deux genres dramatiques sont restés au théâtre les formes impérissables du beau.

« La tragédie, dit Fénelon, représente les grands « événements qui excitent les violentes passions ; la « comédie se borne à représenter les mœurs des hommes « dans une condition privée. » (*Lettre à l'Académie*, § VI, page 54 de l'édit. classiq. annotée par M. Despois.) La tragédie enseigne à l'homme le devoir et le bien, en le pénétrant de terreur et de pitié. La comédie l'instruit et le corrige par la peinture gaie et risible des travers et des vices. Il faut distinguer, dans le genre comique, la *comédie de mœurs*, ou haute comédie, qui s'attache surtout à la peinture des caractères, comme dans l'*Avare* et le *Misanthrope;* et la *comédie d'intrigue*, où la gaieté naît des incidents imprévus et plaisants, comme dans l'*Étourdi* et le *Menteur*. Ajoutons que, chez les grands poëtes comiques, l'intrigue ne se passe jamais absolument des mœurs.

Du mélange de ces deux éléments, le terrible et le ridicule, s'est formé, surtout chez les modernes, un troisième genre dramatique, appelé, du nom un peu vague de *drame*. A ce genre appartient déjà dans l'antiquité le *Cyclope* d'Euripide. C'est par ce nom que l'on désigne les œuvres immortelles de Shakspeare.

L'unité d'action est, plus encore que dans l'épopée, la règle absolue de tout poëme dramatique. Le bon sens et le goût font aisément comprendre cette rigueur.

Les poëtes et les critiques du xviiᵉ siècle, exagérant la poétique des tragiques grecs, ajoutèrent à cette règle deux autres conditions plus gênantes et moins nécessaires : les deux *unités de temps et de lieu*.

> Qu'en un lieu, qu'en un temps, un seul fait accompli
> Tienne jusqu'à la fin le théâtre rempli.
>
> BOILEAU, *Art poétique*, iii, 45, page 220.

Soit timidité, soit paresse, soit plutôt retour à la vraisemblance, ces deux dernières règles sont beaucoup moins rigoureuses aujourd'hui.

Horace et Boileau ont exprimé en vers excellents les autres caractères de la tragédie et de la comédie ; les règles de la progression dramatique, de la vraisemblance, de la vérité des mœurs et des sentiments, du pathétique, du ton qui convient au *socque* et au *cothurne*, selon le langage de Fénelon (*Lettre à l'Acad.*, § vi, p. 66). Nous renvoyons à ces deux maîtres pour le détail de cette longue poétique.

7° POÉSIE DIDACTIQUE. — *Caractères et divisions.* — Il est impossible de ne pas ranger parmi les genres principaux de la poésie celui qui *enseigne* directement la vérité, la science, le devoir (διδάσκειν), et qui les fait aimer en leur donnant le sentiment et la couleur. La *poésie didactique* expose et peint les résultats, et souvent même les secrets de la science, par les côtés où elle émeut les plus nobles facultés de l'homme. Elle chante avec Hésiode et Lucrèce les phénomènes de la nature; avec Virgile, le travail et la vie des champs. Elle décrit la science, la peint et l'embellit, sans jamais pousser la *description* à l'abus, sans fatiguer par le luxe des détails ou l'appareil des peintures, écueil ordinaire des esprits médiocres; car il est bien rare que le genre *descriptif*, variété du genre *didactique*, que l'on en distingue quelquefois, n'en soit pas l'excès et même la parodie.

Épître. — Avec Horace et Boileau, la poésie didactique exprime les conseils de la raison, du bon sens et du goût, dans des vers qui ne s'oublient jamais. L'*épître*, en effet, telle qu'ils l'ont conçue, n'est qu'un prétexte pour développer les réflexions du sage et du poëte sur les vérités et les préceptes de la philosophie.

Satire. — Nous rattacherons encore au genre didactique la *satire morale*, qui, chez Horace et Boileau, ne diffère de l'épître que par la forme et le nom, et n'est d'ailleurs qu'une leçon perpétuelle de conduite et de sagesse. Nous y rattacherons même la *satire personnelle et politique*, comme celle de Juvénal, dont la *mordante hyperbole* est également une leçon faite à l'humanité, leçon impitoyable où le poëte *présente le miroir aux vices* des hommes et des nations.

8° Genres secondaires. — Enfin, après ces quatre grandes familles, il faut citer, dans un rang inférieur, quelques genres consacrés par le génie.

La poésie *pastorale* ou *bucolique* (βούκολος, bouvier) est la peinture dramatique des mœurs et des beautés champêtres. Œuvre d'une époque savante et d'une civilisation raffinée, elle s'enorgueillit de Théocrite, de Virgile et d'André Chénier.

La *fable* ou l'*apologue* exprime dans ses allégories dramatiques et vivantes les mœurs et souvent les faiblesses des hommes. Sobre et concise dans Babrius et dans Phèdre, La Fontaine l'a élevée, dans ses tableaux inimitables, au plus haut degré de la poésie.

L'*élégie*, enfin, consacrée par les anciens, sous la forme du distique, aux joies et aux peines de l'amour, *dicta les vers que soupirèrent* Tibulle, Ovide et Properce. Chez les modernes, elle a emprunté quelque chose de la poésie lyrique. Elle ne connaît pas les élans et l'enthousiasme de l'ode; mais, sous les formes variées des stances, dans un cadre commode aux caprices du poëte, elle peint la mélancolie et les angoisses infinies de l'âme.

Quant aux genres tout à fait inférieurs de notre poésie, ils ne nous intéressent guère que dans l'histoire, malgré quelques essais tentés de nos jours pour les ressusciter. Nous renvoyons également à l'*Art poétique* de Boileau; on y trouvera les règles du *sonnet*, du *rondeau*, de la *ballade*, du *madrigal*, de l'*épigramme*, etc.

III.

Des genres de prose et de leurs caractères différents.

I. CARACTÈRES DE LA PROSE. — On a vu que la poésie, c'est-à-dire la langue par excellence de l'imagination et du sentiment, est assujettie d'ordinaire à une mesure et à des rhythmes réguliers.

La prose, qui est la langue de la raison et de la science, l'image fidèle de la réalité, l'expression du juste et de l'utile, de l'intérêt et du droit, est affranchie de cette mesure rigoureuse qui, pour la poésie, est à la fois une gêne et une puissance. La prose parle surtout à l'intelligence, et se propose d'instruire et de convaincre. Elle porte les faits à la connaissance de l'homme; elle lui apprend les événements passés, les découvertes de la science, les résultats de l'observation et de l'analyse; elle est l'instrument de l'expérience, du raisonnement, de la discussion : elle a donc besoin de cette forme libre et dégagée, pour venir au-devant de l'auditeur ou du lecteur, et lui présenter la vérité exacte et complète avec une scrupuleuse fidélité.

Il ne faut pas cependant croire qu'elle s'interdise la passion, ou qu'elle soit impuissante à rendre les grands mouvements de l'âme. En étudiant les caractères de la poésie, nous avons rencontré la prose parmi les expressions de l'inspiration poétique; nous avons nommé des prosateurs auxquels il n'a manqué que d'écrire en vers pour être salués au premier rang des plus grands poëtes. Nous retrouverons la passion dans l'éloquence, dont elle est l'âme; nous la rencontrerons encore, à des degrés différents, dans tous les genres de prose qui appartiennent à la littérature.

II. Science et littérature. — La prose de la science n'est pas la prose littéraire. *Prouver la vérité d'une manière exacte, sèche, nue, se servir,* comme dit Fénelon, *de la méthode du géomètre dans ses discours, sans y ajouter rien de vif ni de figuré,* c'est la méthode d'exposition qui convient à la science pure. (2ᵉ Dial. sur l'éloq.; édit. classiq. annotée par M. Despois, page 173.) Fénelon, quand il s'exprimait ainsi, ne pensait qu'au philosophe, ou plutôt même au logicien, occupé de déductions rigoureuses. Mais la méthode dont il parle est encore celle du mathématicien, du naturaliste, du médecin, du savant, qui veulent seulement instruire et exposer la vérité dans toute sa rigueur.

Le sentiment littéraire suppose quelque chose de plus. Pascal a dit : « Quand on voit le style naturel, on est tout étonné et ravi; car on s'attendait de voir un auteur, et on trouve un homme.» (*Pensées;* édit. de M. Havet, viii, p. 28, 143.) Ce mot, un peu sévère pour les écrivains, pourrait s'appliquer au savant, lorsqu'il laisse échapper ses sentiments et ses émotions dans le récit des merveilles de la nature, dans la description du système du monde, dans l'analyse des facultés de l'âme et la démonstration de la vérité. Buffon, peintre fidèle des animaux, leur prête, comme Virgile, les mœurs et les passions humaines. Fénelon et Bossuet, parmi les spéculations de la vérité pure et les abstractions métaphysiques, expriment par les mouvements de la passion et par les effusions de l'âme les vives émotions que fait naître en eux l'étude de Dieu et de l'homme.

III. PRINCIPAUX GENRES DE PROSE. — Si l'on classe les genres de prose d'après le rôle qu'y joue la passion, et dans l'ordre où ils ont dû se produire, il semble que l'*éloquence* les ait précédés tous. L'intérêt, la colère, la reconnaissance ont fait les premiers orateurs, comme l'admiration, la joie et la douleur ont fait les premiers poëtes. L'*histoire* est née après l'éloquence, quand les hommes ont eu l'idée de conserver la mémoire des événements, sans les embellir par les fictions et les peintures de la poésie épique. Enfin, la réflexion et la raison, éveillées d'abord par les merveilles du monde extérieur, et ramenées plus tard aux phénomènes de l'âme et aux lois de la morale, ont créé la *philosophie*.

IV. ÉLOQUENCE : *caractères et divisions.* — L'éloquence est l'art de persuader; elle démontre la vérité aux hommes, et la fait pénétrer dans les cœurs en la faisant aimer [1]. Elle se réduit toute à prouver, à peindre et à toucher. La poésie peint avec enthousiasme et par des traits plus hardis. La prose a ses peintures, quoique plus modérées : sans ces peintures, on ne peut échauffer l'imagination de l'auditeur ni exciter ses passions. Il ne faut pas cependant réduire à l'enthousiasme la différence qui sépare l'orateur du poëte, ni prendre au pied de la lettre le mot de Cicéron : *que l'orateur doit avoir la diction presque des poëtes (verba prope poetarum).*

---

[1]. On reconnaîtra dans ce paragraphe beaucoup de souvenirs des *Dialogues sur l'Éloquence* ; ces emprunts portent leur excuse avec eux, au moins nous l'espérons. Du reste, on peut voir que nous n'admettons pas dans la rigueur absolue toutes les idées de Fénelon.

Une différence plus marquée, c'est que l'orateur doit *prouver*, c'est-à-dire qu'il doit aller droit au but, sans s'amuser, comme le poëte, aux fantaisies de l'imagination. Un accusé à poursuivre ou à défendre devant un tribunal, une mesure politique à soutenir ou à combattre dans les conseils, une vérité morale et religieuse à établir, une erreur à déraciner, un vice à proscrire dans une église ou dans une assemblée, sont des sujets qui réduisent la richesse des peintures, et règlent les mouvements de la passion. Chez le poëte, le bon sens, sous le nom de *goût*, est le contre-poids et la règle de l'imagination. Chez l'orateur, le bon sens est le fond de l'éloquence ; la passion et les peintures passent après lui.

Aristote a divisé d'une manière simple et féconde les objets que se propose l'éloquence. Trois motifs persuadent : le *juste*, l'*utile* et le *beau* ; de là trois genres d'éloquence : le genre *judiciaire*, le genre *délibératif* et le genre *démonstratif*. (Rhétorique, I, 5-7.)

Devant un tribunal, l'avocat prouve le juste et l'injuste ; il discute une question de droit ; il poursuit la punition d'un crime ; il défend la fortune ou la tête d'un accusé. Son plaidoyer est fondé sur l'idée du *juste* et sur les principes du *droit* ; il appartient au *genre judiciaire*. Dans un conseil politique, ou devant une assemblée délibérante, l'orateur soutient les avantages du souverain et du pays ; il s'attache à l'*utile*, c'est-à-dire à l'intérêt bien entendu, qui s'accorde avec la morale et le devoir. Son discours est du *genre délibératif*. Enfin, le désir de plaire, par l'exposition de la vérité noble et touchante, de persuader la vertu par des images vives et naturelles, par l'éloge des grandes et des bonnes actions, est inspiré par l'idée du *beau*, et a donné naissance au genre *démonstratif*. Il ne faut pas se méprendre à ce terme, traduit des langues anciennes (Ἐπιδεικτικόν, *demonstrativum genus*). Il ne s'agit pas ici des *démonstrations* de la logique ou de la science. Ce mot indique seulement que l'orateur *expose* la vérité dans un langage digne d'elle. Il en *fait montre*, comme on eût dit dans notre ancienne langue, sans étalage, sans apprêt, sans emphase. Il ne livre pas une bataille hasardeuse pour sauver la tête d'un accusé, comme Cicéron dans ses plaidoyers pour Milon ou Ligarius, ou Pellisson dans ses Mémoires pour Fouquet; ni pour défendre de grands intérêts politiques, comme Démosthène dans les *Philippiques* ou lord Chatam dans le parlement d'Angleterre. Il est libre de s'abandonner aux inspirations de l'éloquence pour persuader la vertu, comme Bossuet ou Bourdaloue, par les fortes leçons du *sermon* ou les accents inspirés de l'*oraison funèbre* : c'est par là que son langage touche à la poésie. Sermons, panégyriques, oraisons funèbres, discours académiques, tout ce qui est *montre, exposition* de la parole, appartient au genre *démonstratif.*

Nous n'avons pas besoin d'ajouter que cette division, fondée sur la réalité, n'est pas cependant plus rigoureuse qu'aucune classification littéraire. Ces trois genres se touchent par bien des points. Le *discours de Démosthène sur la Couronne* est à la fois un manifeste politique et une plaidoirie. L'*éloge funèbre des soldats morts dans la guerre du Péloponèse*, par Thucydide, sous le nom de Périclès, est encore un manifeste dans un panégyrique. Le *juste*, l'*utile* et le *beau* ne sont que trois formes du *vrai.*

V. Histoire. — L'éloquence persuade le vrai; l'histoire le raconte : (ἵστωρ, témoin). « C'est elle qui nous « montre les grands exemples, qui fait servir les vices « mêmes des méchants à l'instruction des bons, qui « débrouille les origines, et qui explique par quel chemin « min les peuples ont passé d'une forme de gouverne- « ment à une autre. » (Fénelon, *Lettre à l'Académie*, VIII, page 73 de l'édit. classique annotée par M. Despois.)

L'histoire doit être vraie et vivante, sobre et discrète ; elle laisse tomber les menus faits qui ne mènent à aucun but important ; elle montre, dans l'ordre et l'arrangement, l'unité, la vérité des événements et des caractères ; elle inspire par une pure narration la plus solide morale, sans moraliser ; sa diction sera claire, pure, courte et noble. (*Ibid. passim.*)

Avec ce goût exquis, Fénelon a donné les caractères de l'histoire, telle qu'il l'a trouvée dans César, et telle que lui-même l'eût écrite. Mais il a été trop sévère pour les mâles historiens qui ajoutent le ministère de juge au rôle de témoin, comme Tacite et Thucydide. Avant Fénelon, Quintilien voulait déjà que l'historien se contentât du récit simple des faits, sans chercher à prouver (*scribitur ad narrandum, non ad probandum*). Les plus illustres exemples, depuis Tacite jusqu'à Bossuet, prouvent assez que l'histoire a le droit d'apprécier les événements, *sans faveur comme sans colère*, et d'éclairer la postérité par ses jugements comme par ses récits.

Au genre de l'histoire appartiennent les Mémoires, où l'auteur raconte sa vie, se peint, lui-même et ses contemporains, avec mille détails qui souvent seraient au-dessous de la gravité historique. C'est un genre français par excellence. Aucune nation n'a rien à opposer au cardinal de Retz, à madame de La Fayette, à madame de Motteville. Quant aux *Mémoires de Saint-Simon*, c'est une œuvre de génie qui met son auteur à côté de Tacite et de Bossuet.

Au-dessus de l'histoire qui juge les hommes, se place une science qui étudie les lois générales de la vie des peuples et l'origine des révolutions. Elle recherche les causes dans les effets, les principes dans les conséquences : on l'appelle la *philosophie de l'histoire*. Bossuet, dans le *Discours sur l'histoire universelle*, en a donné un modèle inimitable.

La *biographie* est encore une des divisions du genre

historique : c'est le récit de la vie d'un homme ; mais ce récit, dans la bouche d'un narrateur de génie, prend les proportions de l'histoire. Les *Vies* de Plutarque, la *Vie d'Agricola* par Tacite, l'*Histoire de Charles XII* par Voltaire, se placent au premier rang des œuvres historiques.

VI. PHILOSOPHIE. — De l'éloquence à l'histoire, la raison et la science ont gagné du terrain ; de l'histoire à la philosophie, la conquête est complète. La *philosophie* est l'étude des facultés de l'homme, de ses devoirs envers Dieu, ses semblables et lui-même. S'il est encore permis au philosophe de s'émouvoir quand il expose, démontre et défend les grandes vérités et les saintes lois de la morale, il n'oublie cependant jamais qu'il est l'interprète de la science, et de la science la plus sublime, celle qui nous enseigne le secret de toutes les autres.

La philosophie analyse les facultés de l'âme dans la *psychologie*. Elle montre dans la *logique* les procédés du raisonnement et les méthodes de la science. Dans la *morale*, elle enseigne le devoir ; dans la *métaphysique*, elle étudie les vérités de spéculation pure et les êtres de raison ; dans la *théodicée*, elle démontre l'existence de Dieu et fait connaître ses attributs infinis.

C'est parmi les *philosophes* que se rangent les *savants* qui, comme Fontenelle et Buffon, ont exposé les phénomènes de la nature ; les *publicistes* qui, comme Montesquieu, ont étudié les lois générales des peuples, et les principes du droit ; à plus forte raison les *moralistes* comme Montaigne, La Bruyère et Vauvenargues, qui ont sondé toutes les faiblesses de l'homme, et les ont peintes dans un style immortel.

GENRES SECONDAIRES : *Lettres*, *Critique*, *Romans*. — Il serait injuste, après les trois grands genres en prose, de n'en pas citer d'autres moins considérables, mais auxquels notre langue doit des trésors.

Le genre *épistolaire*, dont la règle est de n'en avoir pas, sauf les règles éternelles de la morale et du goût, a fourni des monuments importants à l'histoire, des chefs-d'œuvre à la littérature. Le nom de madame de Sévigné est aussi populaire que ceux de Molière et de La Fontaine; et combien n'en citerait-on pas avec lui, depuis la politesse laborieuse de Voiture, jusqu'à l'esprit excellent de madame de Maintenon?

La *critique* est le sentiment du beau et du vrai appliqué au jugement des œuvres d'art. Chez les anciens, elle était une partie de la Rhétorique. Aristote, Longin, Cicéron, Quintilien, Tacite (dans le *Dialogue des Orateurs*) sont les maîtres de la critique appliquée à l'éloquence. La critique moderne a parlé, dans la *Lettre de Fénelon à l'Académie* et dans ses *Dialogues sur l'éloquence*, le langage exquis d'un goût presque sans erreur. Le xviiie siècle cite avec orgueil Voltaire et La Harpe; le xixe ne manquerait pas de noms illustres après eux.

Nous ne dirons rien du théâtre en prose. Par le génie créateur et l'inspiration originale, l'art dramatique appartient surtout à la poésie. Nous citerons seulement pour mémoire le *roman*, qui nous intéresse au récit d'aventures et de passions imaginaires, genre frivole, mais adoré dans notre pays, depuis les contes du moyen âge jusqu'à D'Urfé et Scudéri, depuis madame de La Fayette et Lesage, jusqu'à Châteaubriand.

IV.

De l'art oratoire ou rhétorique. — Des diverses parties de la Rhétorique.

Iº *De l'art oratoire.*

1° Définition et caractères de la Rhétorique. — Quintilien, après avoir critiqué plusieurs définitions de la Rhétorique (*Instit. orat.*, ii, 14), s'arrête à une formule adoptée généralement après lui , et *la plus convenable,* dit-il, *à l'essence de l'art oratoire :* «La Rhétorique est « l'art de bien dire, définition qui comprend d'un mot « toutes les qualités, et ensemble les mœurs mêmes de « l'orateur; car il lui est impossible de bien dire, s'il « n'est homme de bien. » (*Ibid.*, 15.)

La définition d'Aristote, sous une formule un peu sèche, n'est pas moins belle et féconde. «La Rhétorique « est, dit-il, la faculté de découvrir tous les moyens « possibles de persuader sur quelque point que ce soit. » Quintilien blâme cette définition comme réduisant l'art à *l'invention,* sans tenir compte de *l'élocution.* (*Ib.*, 14.) Ce reproche est une erreur : comment Aristote eût-il exclu le style des moyens de la persuasion , quand il lui consacre le troisième livre de sa *Rhétorique?*

L'Éloquence est le talent de persuader, c'est-à-dire le don naturel et l'art tout ensemble. La Rhétorique n'est que *l'art*, c'est-à-dire la réflexion et la méthode appelées au secours des dons naturels : son origine et ses effets sont les mêmes que ceux de la Poétique. «On ne peut « nier que l'art et les préceptes ne puissent être d'un « grand secours à l'orateur, soit pour lui servir de gui- « des, en lui donnant des règles sûres qui apprennent à « discerner le bon du mauvais, soit pour cultiver et « perfectionner les avantages qu'il a reçus de la nature. « Ces préceptes, fondés sur les principes du bon sens « et de la droite raison , ne sont autre chose que des ob- « servations judicieuses, faites par d'habiles gens sur les « discours des meilleurs orateurs, qu'on a ensuite rédi- « gées par ordre et réunies sous de certains chefs; ce qui « a donné lieu de dire que l'éloquence n'était pas née « de l'art, mais que l'art était né de l'éloquence. » (Rollin, *Traité des Études*, iii, 1.)

2º Utilité pratique et but moral de la Rhétorique. — La Rhétorique est répartie naturellement entre tous les hommes, aussi bien que le bon sens, que Descartes

regarde comme *la chose du monde la mieux partagée*.
(*Discours de la Méthode*, 1.) Tous les hommes, en effet,
inspirés par l'intérêt et la passion, savent jusqu'à un
certain point attaquer ou défendre une opinion; mais les
uns le font par instinct, sans règle ni méthode, et
s'égarent, si l'intérêt et la passion les aveuglent au lieu
de les éclairer. Les autres attaquent ou défendent avec
une habileté qui est le fruit de l'étude et de l'expérience.
Ceux-là connaissent l'art oratoire, et font usage de la
Rhétorique. L'art oratoire fait la supériorité de l'éloquence savante sur l'éloquence instinctive. Celle-ci se
trouve partout, jusque dans le geste et dans le regard, à
plus forte raison dans un mot et dans un cri du cœur.
La réponse du vieil Horace est le sublime de cette éloquence :

> Que vouliez-vous qu'il fît contre trois ? — Qu'il mourût !

On en citerait mille exemples, Médée, Nicomède,
Hermione.

> Contre tant d'ennemis que vous reste-t-il ? — Moi,
> Moi, dis-je, et c'est assez.
>
> Ne soyez l'un ni l'autre. — Et que dois-je être ? — Roi.
>
> Pourquoi l'assassiner ? Qu'a-t-il fait ? A quel titre ?
> Qui te l'a dit ?

Mais un mot n'est pas un discours : un mot remue et
saisit; il ne suffit pas à convaincre, sur des matières
graves et difficiles, des esprits prévenus ou ennemis, où
la persuasion ne pénètre que péniblement et par des
efforts redoublés. Pauline combat l'ardeur du martyre
qui l'a chassée du cœur de Polyeucte. Iphigénie défend
contre la mort une vie exigée par la fatalité et livrée par
son père. Agrippine arrache une dernière fois le pouvoir
au fils qui doit la proscrire un jour. Un cri du cœur,
l'instinct lui-même et la logique naturelle des passions,
réduits à leurs propres armes, n'ébranleraient pas
des résolutions si fortes, et ne remporteraient pas des

victoires si disputées. Il faut toute l'habileté de l'art pour livrer avec avantage de pareils combats.

Que si, dans les œuvres d'imagination, les poëtes dramatiques fournissent à la Rhétorique des preuves aussi fortes, des exemples aussi éclatants de son utilité et de sa puissance, que sera-ce des vrais orateurs, qui poursuivent ce résultat positif, caractère essentiel de l'éloquence politique et judiciaire? L'éloquence instinctive eût-elle plaidé seule ce grand procès de la *Couronne*, où, dans la personne d'Eschine et de Démosthène, étaient en jeu la politique et la gloire d'Athènes? La haine eût-elle dicté seule à Cicéron les *Catilinaires* et les *Philippiques ?* Dans l'éloquence religieuse, la foi et la piété eussent-elles inspiré toutes seules l'ordre merveilleux et la progression irrésistible des *Sermons* et des *Oraisons funèbres de Bossuet ?* Et ne faut-il pas faire honneur à l'art et à la réflexion, de la Rhétorique admirable que l'on pourrait tirer de ce grand homme?

On doit donc conclure de ces exemples que la *Rhétorique* a son utilité pratique, et n'est pas une vaine science de mots et de phrases symétriques. Ne lui reprochons pas non plus avec Platon (un si grand orateur cependant, et un rhéteur si habile!), qu'elle n'est bonne à rien, parce qu'elle sert à tout et n'a pas d'application spéciale. (*V.* le *Gorgias* et le *Phèdre*.) La Rhétorique est l'art de la parole mis à la portée de tout le monde, et le développement méthodique et réglé d'une faculté universelle.

Il n'est pas besoin de démontrer l'utilité morale de la Rhétorique. Souvent attaquée parce qu'elle donne les moyens de plaider le pour et le contre, elle ressemble par cet endroit à toutes les forces de la nature, qui s'emploient au mal comme au bien. On connaît l'apologue d'Ésope servant des langues à son maître Xantus, comme la meilleure et la pire chose qui soit au monde. « La mer, « dit Montesquieu, engloutit les vaisseaux; elle submerge

«des pays entiers; et elle est pourtant utile aux hu-
«mains.» (*Dialogue de Sylla et d'Eucrate*, édit. classiq.
annotée par M. Dezobry, pag. 179.) La Rhétorique, aussi
puissante peut-être que la mer, si on la considère comme
la science de la parole, comme l'art qui forme l'orateur
et l'écrivain, porte son remède avec elle, et guérit les
plaies qu'elle a faites. Elle fait descendre, plus aisément
que la science pure, la vérité parmi les hommes; elle
empêche les erreurs de la justice; elle combat ses
propres excès et corrige même les scandales qu'elle
donne. Enfin, comme le remarque Aristote, la bonne
cause est plus facile à plaider que la mauvaise, et le
bien se défend plus éloquemment que le mal. S'il en
était autrement, et que l'homme, entre le sophisme et
la vérité, s'attachât toujours au premier par instinct et
par intérêt, il faudrait accuser la Providence.

II° *Des diverses parties de la Rhétorique.*

1° DIVISION DE LA RHÉTORIQUE. — Tous les rhéteurs ont
divisé la Rhétorique en trois parties, qui correspondent
au triple travail de l'intelligence dans les arts : *l'Inven-
vention, la Disposition* et *l'Élocution.*

Si le sujet est laissé à la disposition de l'orateur et de
l'écrivain, *l'Invention* le trouve et le choisit. Si, comme
il arrive d'ordinaire à l'orateur, le sujet est donné,
l'Invention fournit les idées et les développements qui s'y
rattachent; les preuves, les arguments, le ton, les mœurs,
les passions, en un mot, les moyens de la persuasion.

La *Disposition* détermine l'ordre de ces moyens et
l'emploi de ces matériaux ; les rapports et la progression
des idées et des sentiments, les divisions et le plan du
discours.

L'Élocution ou le style traduit par le langage les résultats de *l'Invention* et de *la Disposition ;* elle ajoute
à leur puissance la vigueur et l'éclat de l'expression

On voit que cette division est commune à la Rhétorique et à tous les arts. Le peintre, aussi bien que
l'orateur et que le poëte, détermine en idée les personnages, les épisodes, les plans de son tableau; il les
dispose et en arrête l'ordonnance générale avant de
commencer l'ébauche; il peint enfin, et la couleur est
pour lui ce que le style est pour l'écrivain.

ACTION ET MÉMOIRE. — A ces trois parties de la Rhétorique que Cicéron appelle les *membres de l'éloquence*
(*de Oratore*, II, XIX), il en ajoute deux, l'*Action* et
la *Mémoire*. L'action est la traduction du discours par la
voix et le geste. (CICÉRON, *de Orat.*, III, 56; *Brutus*,
XXXVIII.) Cette partie a perdu pour nous de son importance. L'*Action* des Grecs et des Romains était bien plus
passionnée et plus violente que la nôtre. L'orateur
frappait du pied; il déchirait la robe de son client pour
montrer les blessures qu'il avait reçues pour son pays.
La tribune était pour lui un vrai piédestal comme un
théâtre où il paraissait tout entier. Toutes les attitudes,
tous les gestes prenaient une grande importance aux
yeux d'un peuple artiste et facile à passionner comme
tous les peuples du Midi.

Les modernes ont plus d'écrivains que d'orateurs.

L'action oratoire est, d'ailleurs, de nos jours, bien plus
calme et plus modérée. L'orateur à la tribune, le prédicateur dans la chaire, sont cachés jusqu'à la moitié
du corps. L'action a donc perdu naturellement le caractère théâtral qu'elle avait chez les Grecs et chez les
Romains. Cependant on peut voir, dans le *second Dialogue sur l'éloquence*, que Fénelon la recommande au
prédicateur, et en donne les règles. Les avocats et les orateurs en savent encore mieux le prix; car l'auditeur est
toujours sensible à son influence. Elle est même, pour
quelques privilégiés, une partie considérable du talent.
« Que faut-il, dit Buffon, pour ébranler la plupart des

« hommes et les persuader? Un ton véhément et pathé-
« tique, des gestes expressifs et fréquents, des paroles
« rapides et sonnantes. » (*Discours sur le style.*) Il est
vrai que le critique ajoute dédaigneusement: «C'est le
corps qui parle au corps.» Mais Buffon a analysé l'éloquence du philosophe et du savant plus que celle de
l'avocat ou de l'orateur politique. Il a exposé sa méthode et ses secrets plus encore que les règles universelles de l'art. On sait que Démosthène proclamait l'*action* à la fois la première, la seconde et la troisième
condition de l'éloquence. (CICÉRON, *Brutus*, xxx, viii.)

L'*action* oratoire des anciens était toute une science
de la pantomime, où le rhéteur notait jusqu'à la direc-
tion du regard, jusqu'à la pose de la main et aux mouvements des doigts. (QUINTILIEN, xi, 3.) La *Mémoire* était
encore une partie accessoire de la Rhétorique, élevée
au rang d'une science, objet, sous le nom de *Mnémo-
nique*, d'études longues et minutieuses. On en trouvera
les singuliers détails dans Cicéron (*Rhétor. à Hérennius*,
iii, xvi et suiv.) et dans Quintilien (livre xi, 2). Voyez
aussi *Rome au siècle d'Auguste*, par M. Dezobry, lettre
lxxxiv, page 184 et suivantes.

Ces deux parties de la Rhétorique ancienne sont pour
nous une curiosité plutôt qu'un objet d'étude. Les trois
premières sont essentielles et impérissables. Il faut
exposer rapidement ici les principaux points sur lesquels
porte *l'Invention* oratoire; nous retrouverons *la Disposition* dans la cinquième question du programme, et
l'Élocution dans la septième.

2° DE L'INVENTION. — La Rhétorique avait multiplié les
divisions de l'Invention, en vue du genre *délibératif*, et
surtout du genre *judiciaire*, genre si important chez les
anciens, et plus assujetti que les deux autres à des conditions extérieures déterminées d'avance, telles que la
loi, les faits, le témoignage, les moyens de conviction.

Ce genre, à leurs yeux, avait donc plus besoin des procédés oratoires. Sans entrer dans tout le détail de *l'Invention*, il est utile d'en passer en revue les points principaux. Ce sont les *Preuves*, les *Mœurs* et les *Passions*. Les *Preuves* s'adressent à l'intelligence : elles établissent la certitude et produisent la conviction. Les *Mœurs* et les *Passions* s'adressent à la sensibilité : elles persuadent par la communication des sentiments et des émotions.

Première partie de l'Invention : LES PREUVES. — Aristote renferme la Rhétorique dans la dialectique, et le discours dans la preuve. Les hommes d'affaires et de de science, les hommes politiques répètent, sans le savoir, le précepte d'Aristote, et ne reconnaissent que la puissance de la logique et de l'évidence. C'est mutiler l'éloquence, en lui ôtant la passion. Bien penser et bien sentir sont choses étroitement liées : l'émotion est aussi nécessaire que la logique à l'orateur et à l'écrivain.

La preuve, cependant, est le corps et le fond du discours. Pour emprunter une image familière à Cicéron, elle fait dans le discours l'office de la chair, des muscles et des os. La passion est le sang, ou mieux encore, le souffle qui fait circuler la vie dans cette matière inanimée.

La preuve se présente sous deux formes : les *Arguments* et les *Lieux-communs*.

ARGUMENTS. SYLLOGISME. — Les *arguments* sont les formes du raisonnement. Raisonner, c'est comparer deux *propositions* ou jugements, et, de cette comparaison, tirer une *proposition* nouvelle, que l'on appelle *conclusion*. Voici un raisonnement emprunté à Bossuet :

1. Dieu accorde les prospérités à la prière.
2. Or, les vertus sont les vraies prospérités.
3. Donc Dieu accorde les vertus à la prière.

Cet argument, comme on voit, se compose de trois propositions, dont la troisième est une déduction des deux premières. On l'appelle *syllogisme*. Son nom même explique sa composition et sa nature complexe. (σύν, λόγος, *colligere orationem*.) La première proposition s'appelle *majeure :* c'est la proposition générale ; la seconde *mineure :* c'est la proposition particulière qui se rapporte à la première ; la troisième *conclusion*. La *majeure* et la *mineure* prennent l'une et l'autre le nom de *prémisses* (*præ, missæ*, qui précèdent la conclusion).

Enthymème. — Le syllogisme est l'argument proprement dit, et le principe de tous les autres. Mais, dans la forme rigoureuse et scolastique où nous le présentons, il est l'instrument de la dialectique. L'éloquence demande une arme plus maniable et plus rapide ; elle rend le syllogisme plus court et plus vif.

1. Dieu accorde les prospérités à la prière.
3. Donc il lui accorde les vertus.

L'argument se réduit à la *majeure* et à la *conclusion*. Il prend alors le nom d'*Enthymème*. La *mineure* est sous-entendue ; l'orateur l'a gardée dans son esprit. (Ἐν θύμῳ.) C'est le syllogisme abrégé.

L'enthymème est l'argument pathétique, celui de l'orateur et du poëte.

1. Le Dieu que nous servons est le Dieu des combats.
3.   Non, non, il ne souffrira pas
    Qu'on égorge ainsi l'innocence.

J. Racine.

1. Comment? des animaux qui tremblent devant moi !
3.   Je suis donc un foudre de guerre ?

La Fontaine.

Souvent, il conclut du moins au plus par le procédé qu'on appelle *à fortiori*.

1. « Que si Dieu accorde aux prières les prospérités temporelles, 3. combien plus leur accorde-t-il les vrais biens, c'est-à-dire les vertus ! » (*Orais. fun. de Marie-Thérèse de France*, page 134 de l'édit. classique.)

Voilà le texte de Bossuet, que nous avions ramené à la forme du syllogisme.

1.   Si mourir pour son prince est un si digne sort,
3.   Quand on meurt pour son Dieu, quelle sera la mort!

P. Corneille.

L'*enthymème* se transforme à l'infini, et intervertit même l'ordre des propositions.

1.   Et puisque autour de moi j'ai tous ses vrais appuis,
3.   Rome n'est plus dans Rome; elle est toute où je suis.

P. Corneille.

3.   Il n'est pas condamné 1 puisqu'on veut le confondre.

J. Racine.

3.   Il ne se faut jamais moquer des misérables:
1.   Car, qui peut s'assurer d'être toujours heureux?

Le *Dilemme* (δίς, λῆμμα) est un syllogisme double; il tire de deux propositions contraires une seule et même conclusion. Il met l'adversaire entre deux alternatives auxquelles il ne peut échapper.

1.   A d'illustres parents s'il doit son origine,
     La splendeur de son sort doit hâter sa ruine.

2.   Dans le vulgaire obscur si le sort l'a placé,
     Qu'importe qu'au hasard un sang vil soit versé?

J. Racine.

L'*Epichérème* est un syllogisme développé. Chaque proposition est suivie de sa preuve, et la tient comme dans la main. (Ἐπὶ χείρι Ἔχειν). Nous tirons encore notre exemple de Bossuet.

1. Il est une justice divine. (Car il est impossible que la peine et la récompense ne soient que pour les jugements humains, et qu'il n'y ait pas en Dieu une justice dont celle qui reluit en nous n'est qu'une étincelle.)

2. Or cette justice est infinie. (Car elle doit avoir tous les attributs de la Divinité, c'est-à-dire être souveraine, inévitable, infinie.)

3. Donc elle s'exerce par un supplice infini.

Le *Sorite* est un syllogisme accumulé. (σωρεύω, entasser.) Le même exemple peut l'expliquer également.

1. Il est une justice divine; donc cette justice est souveraine; 2. elle est souveraine, donc elle est inévitable; 3. elle est divine, donc elle est infinie; 4. elle est infinie, donc elle s'exerce par un supplice infini.

Le quatrième syllogisme est la conclusion du sorite, c'est-à-dire le dernier anneau de cette chaîne d'arguments.

Ces deux formes amples et puissantes de l'argument sont plus rares, à cause même de leur ampleur, et souvent cachent leur forme didactique sous le tour oratoire du style. Le texte de Bossuet en est une preuve.

«Où a-t-on pris que la peine et la récompense ne soient que pour les jugements humains, et qu'il n'y ait pas en Dieu une justice dont celle qui reluit en nous ne soit qu'une étincelle? Que s'il est une telle justice souveraine, et par conséquent inévitable, divine, et par conséquent infinie, qui nous dira qu'elle n'agisse jamais selon sa nature, et qu'une justice infinie ne s'exerce pas à la fin par un supplice infini et éternel?» (*Or. fun. d'Anne de Gonzague*, pag. 185 de l'édit. classiq.)

On voit que ces formules antiques et ces noms grecs dont on se fait une peur puérile, ont un sens précis et une utilité effective. Ils servent à expliquer et à classer les actes de la pensée et les effets de l'éloquence. L'analyse de l'esprit n'est pas moins intéressante que l'anatomie du corps humain. On a défini l'homme *une intelligence servie par des organes:* il importe à son éducation de connaître le jeu et les secrets de toutes ses facultés.

Les autres arguments sont secondaires, et se rattachent moins directement au syllogisme.

L'*Exemple* est un syllogisme prouvé par un fait historique. Ce fait devient un quatrième terme à l'appui de

la conclusion. Joad, pour encourager Josabeth à la rési-
gnation, lui cite l'*exemple* du sacrifice d'Abraham.

> N'êtes-vous pas ici sur la montagne sainte
> Où le père des Juifs sur son fils innocent
> Leva sans murmurer un bras obéissant?

L'*induction* est un argument qui tire une proposition
générale de plusieurs faits particuliers. Après avoir fait
le portrait de plusieurs fous, le pédant, le galant,
l'hypocrite, l'esprit fort, Boileau conclut ainsi :

> N'en déplaise à ces fous nommés sages de Grèce,
> En ce monde il n'est point de parfaite sagesse :
> Tous les hommes sont fous, et, malgré tous leurs soins,
> Ne diffèrent entre eux que du plus ou du moins.
>
> SATIRE IV, édit. class. annotée par M. J. Travers, p. 34.

L'*argument personnel* (*ad hominem*) se tire des actes
et des paroles même de l'adversaire. Il est d'un emploi
facile, mais il embarrasse plus qu'il ne prouve. Auguste,
pour confondre Cinna, lui reproche qu'il s'est fait devant
lui le panégyriste de la monarchie.

> Affranchir ton pays d'un pouvoir monarchique?
> Si j'ai bien entendu tantôt ta politique,
> Son salut désormais dépend d'un souverain
> Qui, pour tout conserver, tienne tout en sa main.

LIEUX-COMMUNS. — Tous les arguments que nous venons
de passer en revue se rapportent à certains principes
généraux dont ils ne sont que les conséquences. Ces
principes sont une autre forme de la *preuve :* la Rhétorique ancienne les appelait *lieux-communs* (τόποι,
loci communes). Il ne faut pas donner à ce mot le
sens fâcheux qu'il a dans la langue ordinaire ; les *lieux-
communs* ne sont devenus des banalités que par l'abus.
Dans la langue de la Rhétorique, ce mot exprime l'idée
de cadres généraux où se viennent classer, comme en
leur lieu et place, tous les genres d'argument.

Des lieux-communs, les uns sont hors du sujet, et

reposent sur l'autorité : on les appelle lieux-communs *extrinsèques*. Les autres sont tirés du sujet même, et s'appuient sur le raisonnement : on les appelle lieux-communs *intrinsèques*.

LIEUX-COMMUNS EXTRINSÈQUES. — On rangeait sous ce titre tout ce qui appartient à la loi ou bien au témoignage : textes de lois, titres, promesses, serments, dépositions des témoins. Tout cela n'est qu'un accident du sujet. Aristote y ajoute froidement la torture.

LIEUX-COMMUNS INTRINSÈQUES. 1° LA DÉFINITION. — La *Définition* est tirée du sujet même ; car elle explique la question tout entière, et persuade en déterminant le sens des mots. Elle est générale ou partielle (*definitio, partitio*), et peut porter seulement sur un mot. On connaît les belles définitions que Fléchier a faites de *l'esprit*, dans l'*Or. fun. de M*^{me} *de Montausier* (pag. 16 de l'édit. classiq.), et d'une *armée*, dans l'*Or. fun. de Turenne* (pag. 113). Le vieil Horace, dans le procès de son fils, définit le *crime* en ces termes :

> Aimer nos ennemis avec idolâtrie,
> De rage en leur trépas maudire la patrie,
> Souhaiter à l'État un malheur infini,
> C'est ce qu'on nomme crime, et ce qu'il a puni.

2° L'ÉNUMÉRATION DES PARTIES (*Enumeratio*). — L'énumération, qui a quelques rapports avec la *définition*, expose toutes les faces du sujet, toutes les circonstances du fait, toutes les parties de l'idée. Fléchier, dans l'exorde de l'*Or. fun. de Turenne*, énumère « les effets « glorieux de la vertu militaire, conduites d'armées, « siéges de places, prises de villes, passages de rivières, « attaques hardies, retraites honorables, campements « bien ordonnés, combats soutenus, batailles gagnées, « ennemis vaincus par la force, dissipés par l'adresse, « lassés et consumés par une sage et noble patience. » (Page 91 de l'édit. classiq.) Tout le monde sait par cœur

la magnifique énumération des miracles et des justices
de Dieu dans la première scène d'*Athalie*.

> Faut-il, Abner, faut-il vous rappeler le cours
> Des prodiges fameux accomplis en nos jours? etc.

3° LES CIRCONSTANCES (*Conjuncta.*) — On appelle ainsi
la preuve tirée de la comparaison du sujet ou du fait en
question avec la personne, le lieu, le temps, les motifs, etc. Les rhéteurs ont réuni assez heureusement
toutes les *circonstances* dans un vers technique :

> *Quid, quid, ubi, quibus auxiliis, cur, quomodo, quando.*

Les *antécédents* et les *conséquents*, la *cause* et l'*effet*,
où la preuve se tire des circonstances qui ont précédé ou
suivi le sujet, ne sont qu'une partie du lieu-commun appelé les circonstances, et s'y rattachent naturellement.

Les circonstances sont le *lieu-commun* par excellence
du genre judiciaire, celui sur lequel Cicéron établit sa
fameuse justification de Milon, accusé du meurtre de
Clodius. (*Pro Milone*, xx.) L'Hippolyte de Racine, dans
sa justification, plaide presque toutes les circonstances
énumérées dans le vers des rhéteurs : il plaide aussi les
antécédents (*pœcurrentia*,) la *cause* et l'*effet*, (*causæ et
ea quæ ex causis orta sunt*).

> Examinez ma vie, et songez qui je suis.
> Quelques crimes toujours précèdent les grands crimes.
> Quiconque a pu franchir les bornes légitimes
> Peut violer enfin les droits les plus sacrés.
> Ainsi que la vertu, le crime a ses degrés...
> Elevé dans le sein d'une chaste héroïne,
> Je n'ai point de son sang démenti l'origine.
> Pitthée, estimé sage entre tous les humains,
> Daigna m'instruire encore au sortir de ses mains...

4° LE GENRE ET L'ESPÈCE (*Genus et partes generibus
subjectæ*). — Ce qui est vrai du premier l'est nécessairement de la seconde, qui s'y trouve comprise. C'est un
lieu-commun propre au genre judiciaire, où l'on cherche
à prouver que les textes généraux de la loi sont applicables dans l'*espèce* au sujet particulier. En voici

un exemple philosophique et oratoire tout ensemble :
« Comme il est nécessaire que chaque chose soit réunie
« à son principe, et que c'est pour cette raison, dit
« l'Ecclésiaste, *que le corps retourne à la terre dont il a*
« *été tiré,* il faut, par la suite du même raisonnement,
« que ce qui porte en nous la marque divine, ce qui est
« capable de s'unir à Dieu, y soit aussi rappelé. » (Bossuet, *Or. fun. de Henriette d'Angleterre,* page 70 de
l'édit. classiq.) Le corps et l'âme sont des *espèces;* la
chose ou l'*être* est le *genre.* On retrouve d'ailleurs ici,
dans le *lieu-commun,* le *syllogisme* presque en forme.

5° La comparaison (*Similitudo*), qu'il ne faut pas
confondre avec la figure de pensée qui porte le même
nom, établit, comme cette figure, un rapport entre
deux idées : mais ce rapport ne sert pas seulement à
éclairer la pensée et à en augmenter l'effet; il amène
encore une conclusion, et, par là, il est le *lieu* d'un
argument, et rentre dans la preuve. Bossuet compare
le dévouement de M. Le Tellier au sacrifice de Jésus-
Christ, et en conclut implicitement que le sacrifice est
un devoir. « Pouvait-il faire à Dieu un plus beau sacrifice
« que de lui offrir une âme pure de l'iniquité de son siè-
« cle, et dévouée à son prince et à sa patrie? Jésus nous
« en a montré l'exemple : les juifs mêmes le reconnais-
« saient pour un si bon citoyen, qu'ils ne crurent pou-
« voir donner auprès de lui une meilleure recomman-
« dation à ce centenier, qu'en disant à notre Sauveur : il
« aime notre nation... Fidèle au prince comme à son
« pays, il n'a pas craint d'irriter les Pharisiens en dé-
« fendant les droits de César, etc. » (*Or. fun. de M. Le
Tellier,* page 242 de l'édit. classiq.) —La *dissemblance*
(*dissimilitudo*) est une variété de la comparaison.

6° Les contraires (*Contraria*), qui se rapprochent de la
comparaison et de la *définition,* consistent à prouver le
sujet en tirant la conclusion de deux idées ou de deux
faits opposés. » Si Gracchus est coupable (d'avoir sou-

« levé le peuple), Opimius est justifié (de l'avoir mis à
« mort). » (CICÉRON, *de Or.*, II, 40.) Les *contraires* prouvent encore le sujet, en montrant ce qu'il n'est pas pour
faire entendre ce qu'il est. « Si M. de Turenne n'avait
« su que combattre et vaincre; s'il ne s'était élevé au-
« dessus des vertus humaines, si sa valeur et sa prudence
« n'avaient été animées d'un esprit de foi et de charité...
« je laisserais à la vanité le soin d'honorer la vanité... S'il
« avait fini ses jours dans l'aveuglement et dans l'erreur,
« je louerais en vain des vertus que Dieu n'aurait pas cou-
« ronnées... Mais, grâce à Jésus-Christ, je parle d'un
« chrétien éclairé des lumières de la foi, etc. » (*Or. fun. de
Turenne*, par Fléchier, pag. 127 de l'édit. classiq.)

7° LES CHOSES QUI RÉPUGNENT (*Repugnantia*) prouvent le
sujet en montrant que deux idées ou deux faits sont
incompatibles. Ce lieu-commun est encore une partie
de la justification d'Hippolyte.

> Seigneur, je crois surtout avoir fait éclater
> La haine des forfaits qu'on ose m'imputer.
> C'est par là qu'Hippolyte est connu dans la Grèce,
> J'ai poussé la vertu jusques à la rudesse.
> On sait de mes chagrins l'inflexible rigueur ;
> Le jour n'est pas plus pur que le fond de cœur,
> Et l'on veut qu'Hippolyte, épris d'un feu profane...

UTILITÉ DES LIEUX-COMMUNS. — Nous nous sommes étendus sur cette partie de l'*Invention*, pour faire voir
qu'elle n'est pas une fantaisie puérile des rhéteurs, et
qu'elle trouve son application dans la poésie, à plus
forte raison dans l'éloquence. Les *lieux-communs* sont
un mécanisme, que l'habitude nous rend familier comme
le mécanisme d'un instrument de musique. Ils ne font
pas trouver les idées, mais ils donnent les moyens de
les mettre habilement en œuvre. Ce qui est au delà ne
s'acquiert pas dans les écoles, et s'apprend toute la vie.
Au reste, l'éducation de l'orateur ne se réduisait pas,
pour les grands orateurs anciens, non plus que pour

nous, à ces procédés artificiels. Cicéron a parfaitement expliqué la nature et l'utilité des lieux-communs. (Nous empruntons la remarquable traduction de M. Gaillard.) « Ce sont, dit-il, des principes généraux d'où se tirent les raisonnements pour tous les genres de cause et de discours. Chaque fois que nous avons un mot à tracer, il n'est pas nécessaire que nous portions successivement notre pensée sur toutes les lettres qui le composent. De même, à chaque affaire qu'il nous faudra plaider, nous n'avons pas besoin de passer en revue tous les arguments qui peuvent s'y rapporter : il suffit d'avoir en réserve certains *lieux*, qui viendront aussitôt se présenter à nous pour la cause que nous avons à traiter, comme les lettres pour le mot que nous voulons écrire. Mais l'orateur ne peut tirer parti de ces lieux, s'il ne s'est formé soit par l'expérience, que l'âge donne à la longue, soit à force d'écouter et de réfléchir ; car le travail et l'étude devancent les années. Donnez-moi l'homme le plus instruit, qui, à un esprit vif et pénétrant, joigne la plus heureuse facilité à s'exprimer. S'il est étranger à nos coutumes, à notre histoire, aux institutions, aux mœurs et aux inclinations de ses concitoyens, ces lieux-communs, où l'on puise les arguments, ne lui seront que d'une faible utilité. Mais ce que je demande, c'est un naturel assoupli, dompté par la culture, comme un champ sur lequel on fait passer et repasser plusieurs fois la charrue, pour lui faire produire une récolte plus belle et plus abondante. Fréquenter le barreau, entendre les modèles, beaucoup lire, beaucoup écrire, voilà en quoi consiste la culture. » (*De Oratore*, II, xxx, quatrième édition, page 185.)

Deuxième partie de l'Invention. LES MOEURS. — Les preuves rendent la vérité claire, sinon évidente. L'influence personnelle de l'orateur, l'autorité de son caractère et de ses qualités la rendent persuasive ; car la seule évidence ne suffit pas toujours à entraîner et à persuader les hommes. Le droit, le devoir, la vérité, s'ils se trouvent en lutte avec l'intérêt ou la passion, ne sont pas toujours les plus forts. « La persuasion a donc au-dessus de « la simple conviction que non-seulement elle fait voir la « vérité, mais qu'elle la dépeint aimable, et qu'elle émeut « les hommes en sa faveur : ainsi, dans l'éloquence, « tout consiste à ajouter à la preuve solide les moyens « d'intéresser l'auditeur, et d'employer ses passions pour « le dessein qu'on se propose. » (FÉNELON, ii° Dialogue.) Il faut que l'homme parle à l'homme, il faut, avec la force de la vérité, l'autorité personnelle de l'orateur et la puissance du sentiment. L'une s'exerce par les *Mœurs*, et l'autre par les *Passions*.

Voilà pourquoi, sous ces deux noms, la sensibilité a sa place dans l'*Invention* oratoire. Il faut trouver le secret d'émouvoir, d'ébranler les hommes et de les persuader. Ainsi donc, sans réduire les sentiments à des procédés artificiels et à des règles mécaniques, il est nécessaire d'en étudier les causes et les effets, pour apprendre à les régler, et pour satisfaire aux conditions si délicates du ton, de l'à-propos et des convenances. La Rhétorique n'enseignera pas à trouver les mœurs et les passions à point nommé, comme dans les compartiments d'un casier ; à composer un caractère, à improviser des émotions. Tout le monde sait bien que la nature fait l'un et inspire les autres ; sans cela, l'orateur ne serait qu'un comédien. L'art sert uniquement à diriger les dispositions et les émotions naturelles, il analyse les passions pour arriver à les toucher ; tel est le sujet du second et du plus beau livre de la Rhétorique d'Aristote. Cette éducation philosophique convient à l'homme fait et à l'orateur ; elle se fonde sur l'expérience des affaires et de la vie. Quant au jeune homme et à l'écolier, ils s'instruisent d'exemple dans les modèles des grands maîtres, en attendant la maturité.

Mœurs réelles : Mœurs oratoires. — Les *Mœurs* sont le caractère de l'orateur, les qualités que le discours exprime, et qui inspirent à l'auditeur la confiance et la sympathie.

« C'est, dit Rollin, une espèce de passions que les rhéteurs appellent ἦθος, qui consiste dans des sentiments plus doux, plus tendres, plus insinuants (que le pathétique, πάθος); mais qui n'en sont pas pour cela moins touchants ni moins vifs; dont l'effet n'est pas de renverser, d'entraîner, d'emporter tout comme de vive force, mais d'intéresser et d'attendrir, en s'insinuant doucement jusqu'au fond du cœur... Elles consistent, pour ceux qui sont supérieurs, et qu'on a offensés, dans un caractère de douceur, de bonté, d'humanité, de patience, qui est sans fiel et sans aigreur, qui sait souffrir l'injure et l'oublier, et qui ne peut résister aux prières et aux larmes; et, pour les autres, dans une facilité à reconnaître leurs fautes, à les avouer, à en marquer leur douleur, à s'humilier, à se soumettre, et à donner toutes les satisfactions qu'on peut désirer. Tout cela doit se faire d'une manière simple et naturelle, sans étude et sans affectation ; l'air, l'extérieur, le geste, le ton, le style, tout doit respirer je ne sais quoi de doux et de tendre, qui parte du cœur et qui aille droit au cœur. Les mœurs de celui qui parle doivent se peindre dans son discours sans qu'il y pense. On sent bien que non-seulement pour l'éloquence, mais pour le commerce ordinaire de la vie, rien n'est plus aimable qu'un tel caractère ; et l'on ne peut trop porter les jeunes gens à s'y rendre attentifs, à l'étudier et à l'imiter. » (*Traité des Etudes*, liv. III, chap. III, § 7.)

Il est fâcheux pour la nature humaine que, dans l'éloquence, il ait fallu distinguer les mœurs *réelles* des mœurs *oratoires*, les qualités vraies et sincères de l'orateur de celles qu'il se donne aux yeux de son auditoire, l'honnêteté de l'hypocrisie. Cependant, cette distinction même est un hommage rendu à la puissance de la probité et de la vertu, puisqu'un malhonnête homme est obligé d'en emprunter les apparences, pour persuader et pour séduire.

Au reste, comme l'éloquence s'adresse aux intérêts et aux passions, comme elle vit parmi des luttes souvent violentes et terribles, elle n'a pas toujours cette onction presque évangélique que Rollin lui demandait, dans la naïve effusion de sa charité. Aussi la Rhétorique attribue-t-elle aux *Mœurs* un caractère plus général.

Pour faire bien entendre la puissance des mœurs dans l'éloquence, il peut être utile de montrer les effets des défauts contraires, et comment un orateur peut déplaire et irriter par des maximes odieuses, par un ton orgueilleux, par des maladresses ou des injures.

Dans la *Mort de Pompée*, les conseillers de Ptolomée, s'ils entraînent leur maître, révoltent le spectateur, parce qu'ils sont des fanfarons de crime.

> La justice n'est pas une vertu d'État.
> Le choix des actions ou mauvaises ou bonnes
> Ne fait qu'anéantir la force des couronnes :
> Le droit des rois consiste à ne rien épargner ;
> La timide équité détruit l'art de régner.
>
> (Acte i, scène i.)

Dans *Rodogune*, Cléopâtre et Rodogune épouvantent les princes d'Arménie par la franchise atroce de leur haine.

> CLÉOPATRE.
>
> Embrasser ma querelle est le seul droit d'aînesse ;
> La mort de Rodogune en nommera l'aîné...
> Ce doit être envers moi le sceau de votre amour.
> Sans ce gage, ma haine à jamais s'en défie ;
> Ce n'est qu'en m'imitant que l'on me justifie.
>
> (Acte ii, scène iii.)

> RODOGUNE.
>
> C'est à vous de choisir mon amour ou ma haine.
> J'aime les fils du roi, je hais ceux de la reine :
> Réglez-vous là-dessus, et sans me plus presser,
> Voyez auquel des deux vous voulez renoncer....

> Appelez ce devoir haine, rigueur, colère,
> Pour gagner Rodogune, il faut venger un père.
> Je me donne à ce prix : osez me mériter,
> Et voyez qui de vous daignera m'accepter.
>
> (Acte iii, scène iv.)

Dans *le Cid*, l'orgueil du comte pousse à bout D. Diègue.

> Mon nom sert de rempart à toute la Castille.
> Sans moi, vous passeriez bientôt sous d'autres lois,
> Et vous auriez bientôt vos ennemis pour rois.
> Chaque jour, chaque instant, pour rehausser ma gloire,
> Met lauriers sur lauriers, victoire sur victoire.
>
> (Acte i, scène vii.)

Dans *Andromaque*, le ton impérieux et pressant d'Oreste, réclamant à Pyrrhus le fils d'Hector, produit un effet contraire à son but avoué, quoique favorable à ses desseins secrets, et décide Pyrrhus à refuser.

> . . . . La Grèce avec douleur
> Vous voit du sang troyen relever le malheur,
> Et, vous laissant toucher d'une pitié funeste,
> D'une guerre si longue entretenir le reste. . . .
> Vous-même, de vos soins craignez la récompense,
> Et que dans votre sein ce serpent élevé
> Ne vous punisse un jour de l'avoir conservé.
> Enfin, de tous les Grecs satisfaites l'envie ;
> Assurez leur vengeance, assurez votre vie ;
> Perdez un ennemi d'autant plus dangereux
> Qu'il s'essaiera sur vous à combattre contre eux.
>
> (Acte i, scène ii.)

Les poëtes dramatiques fournissent, comme on voit, à l'étude des mœurs et des caractères une mine inépuisable. Nous les avons cités de préférence aux orateurs, parce que les exemples sont plus courts, plus faciles à retenir et plus familiers aux élèves. Souvent, nous avons écarté à dessein ceux qui sont dans toutes les mémoires. Autrement, où trouver plus d'exemples, et de plus frappants, que dans *Horace* et *Cinna*, *Iphigénie* et *Athalie?*

D'après cette étude, il est aisé d'apprécier les mœurs oratoires par leurs contraires, et de conclure que la *pro-*

bité, la *modestie*, la *bienveillance*, la *prudence*, sont des conditions essentielles de l'éloquence. Ce sont les qualités que la rhétorique comprend sous le nom de *mœurs* dans l'*Invention*.

1° La *probité* est le premier terme de la définition que Caton l'ancien donnait de l'orateur : « L'orateur, mon fils Marcus, est l'homme de bien qui sait parler. » (*Orator est, Marce fili, vir bonus dicendi peritus.*) « L'homme digne d'être écouté, dit Fénelon, est celui qui ne se sert de la parole que pour la pensée, et de la pensée que pour la vérité et la vertu. » (*Lettre à l'Académie*, édit. classique, § IV, page 21.) On comprend qu'il soit difficile de donner un exemple particulier d'une qualité qui se produit dans l'ensemble d'un caractère et par la vie tout entière d'un homme. Racine cependant a exprimé les mœurs les plus pures et les plus belles dans les *nobles traits dont il peignit Burrhus*. C'est par la *probité* que Burrhus se fait connaître du spectateur :

> — Burrhus pour le mensonge eut toujours trop d'horreur.
> Vous m'avez de César confié la jeunesse....
> Mais vous avais-je fait serment de le trahir ?....
> Pourquoi de sa conduite écarter les flatteurs ?
> Fallait-il dans l'exil chercher des corrupteurs ?....

2° La *modestie*, qui efface les effets fâcheux de ce *moi* si haïssable dont parle Pascal, et qui même le fait disparaître tout à fait. Le rôle de Monime en est un modèle exquis. Elle dit à Mithridate jaloux et menaçant :

> Je n'ai point oublié quelle reconnaissance,
> Seigneur, m'a dû ranger sous votre obéissance :
> Quelque rang où jadis soient montés mes aïeux,
> Leur gloire de si loin n'éblouit point mes yeux.
> Je songe avec respect de combien je suis née
> Au-dessous des grandeurs d'un si noble hyménée, etc.
>
> (Acte IV, scène IV.)

3° La *bienveillance* ou le *zèle*, qui séduit l'homme en

s'adressant à son intérêt personnel, dont elle se montre uniquement occupée. Xipharès dit à Mithridate :

> J'irai..., j'effacerai le crime de ma mère.
> Seigneur, vous m'en voyez rougir à vos genoux :
> J'ai honte de me voir si peu digne de vous ;
> Tout mon sang doit laver une tache si noire.
> Mais je cherche un trépas utile à votre gloire ;
> Et Rome, unique objet d'un désespoir si beau,
> Du fils de Mithridate est le digne tombeau.
>
> (Acte iii, scène i.)

4° La *prudence*, qui met les timides et les irrésolus en garde contre l'incertitude, les audacieux et les violents contre la témérité et l'emportement. Acomat dit à Roxane, pour la décider à la révolte contre Amurat :

> Déclarons-nous, madame, et rompons le silence :
> Fermons-lui, dès ce jour, les portes de Byzance ;
> Et, sans nous informer s'il triomphe ou s'il fuit,
> Croyez-moi, hâtons-nous d'en prévenir le bruit.
> S'il fuit, que craignez-vous? S'il triomphe, au contraire,
> Le conseil le plus prompt est le plus salutaire.
> Vous voudrez, mais trop tard, soustraire à son pouvoir
> Un peuple dans ses murs prêt à le recevoir.
>
> (BAJAZET, acte i, scène ii.)

On lit dans *les Deux Pigeons :*

> ..... Qu'allez-vous faire?
> Voulez-vous quitter votre frère?
> L'absence est le plus grand des maux.
> Non pas pour vous, cruel! au moins, que les travaux,
> Les dangers, les soins du voyage
> Changent un peu votre courage.
> Encor si la saison s'avançait davantage!
> Attendez les zéphyrs. Qui vous presse? Un corbeau
> Tout à l'heure annonçait malheur à quelque oiseau.
>
> (LA FONTAINE, liv. ix, fable ii.)

Ces qualités sont une partie considérable, sinon le fond même, du ton et des convenances oratoires. « Le ton, dit Buffon, n'est que la convenance du style à la nature du sujet. » (Disc. sur le style, édit. classique annotée par M. Hémardinquer, page 9.) Cette parfaite harmonie de l'expression et des idées, cette juste mesure qui s'éloigne toujours également de l'insuffisance et de l'excès, touchent de bien près aux mœurs oratoires. Si l'orateur est probe et bienveillant, prudent et modeste, il est difficile que la droiture et la bonté du caractère n'amènent pas la justesse, l'à-propos, la convenance dans la parole et dans les écrits. C'est ce que Rollin fait entendre en termes excellents dans les conseils qui terminent le passage cité plus haut, conseils aussi utiles pour l'usage du monde et pour la conduite de la vie que pour l'éducation de l'intelligence et le progrès du talent.

Troisième partie de l'Invention.

Les Passions. — « On sait, dit encore Rollin, que les passions ($\pi\acute{\alpha}\theta o\varsigma$) sont comme l'âme du discours; que c'est ce qui lui donne une impétuosité et une véhémence qui emportent et entraînent tout, et que l'orateur exerce par là sur ses auditeurs un empire absolu et leur inspire tels sentiments qu'il lui plaît; quelquefois en profitant adroitement de la pente et de la disposition favorable qu'il trouve dans les esprits, mais d'autres fois en surmontant toute leur résistance par la force victorieuse du discours et les obligeant de se rendre comme malgré eux. » (*Traité des Études*, liv. iii, chap. iii, 7.)

Toutes les passions se réduisent à deux, l'amour et la haine.

« On inspire à l'auditeur l'indignation contre l'ingratitude, l'horreur contre la cruauté, la compassion pour la misère, l'amour pour la vertu. Voilà ce que Platon appelle agir sur l'âme de l'auditeur et émouvoir ses entrailles. » (Fénelon, 2ᵉ *Dialogue.*)

S'il fallait donner une idée des passions par des exemples, les citations se multiplieraient à l'infini. La lecture des grands maîtres est la meilleure explication d'une question aussi vaste. Rappellerons-nous la véhémente apostrophe de Démosthène aux Athéniens, tant admirée de Fénelon? les plaintes d'Antigone et de Philoctète, les invectives de Cicéron contre Antoine, l'épisode de la mort de César ou le récit de la chute de Troie? Essaierons-nous de choisir dans les scènes immortelles de Corneille et de Racine, expression idéale de toutes les passions humaines? Chimène, Horace, Émilie, Polyeucte, Hermione, Mithridate, Agrippine, Phèdre, Joad, ne sont-ils pas dans toutes les mémoires? Et si nous cherchons le pathétique dans une région plus sublime encore, au delà des orages de la terre, notre éloquence n'en offre-t-elle pas des modèles au-dessus de l'admiration humaine? Voyez Massillon faisant apparaître Jésus-Christ lui-même au dernier jour pour juger ses auditeurs et le prêtre qui leur parle. Écoutez Bossuet accablé de douleur et pénétré d'espérance devant le cercueil d'Henriette d'Angleterre; écoutez les menaces foudroyantes qu'il adresse aux impies en racontant les égarements d'Anne de Gonzague, les accents d'amour divin que lui inspire la piété de la reine Marie-Thérèse, les adieux attendrissants par lesquels il prend congé du grand Condé et de la chaire chrétienne; vous aurez entendu le langage le plus puissant, le plus sublime, le plus pur qu'ait jamais parlé la passion.

La lettre de Fénelon à l'Académie française est une étude exquise de la passion chez l'orateur et chez le poëte; elle ne laisse qu'un regret, c'est que le critique n'ait pas osé admirer ses contemporains. Dans les limites de ce petit ouvrage, nous ne pouvons pas même toucher une matière si riche; mais l'étude des passions appelle quelques règles de goût qui appartiennent à l'*Invention oratoire*.

La première, c'est que la passion doit être vraie et partir du cœur pour émouvoir et toucher. On sait les vers d'Horace et de Boileau :

Si vis me flere, dolendum est — Primum ipsi tibi.
Pour me tirer des pleurs, il faut que vous pleuriez.

Une seconde règle est celle du ton, c'est-à-dire de l'à-propos et de la mesure. Est-il besoin de montrer les fâcheux effets du pathétique employé à faux ou sans préparation et sans ménagement?

C'est encore une règle d'à-propos et de mesure que de savoir s'arrêter à temps dans l'emploi naturel et légitime de la passion. Toute chose périt par l'excès, et rien, dit Cicéron, ne sèche si vite que les larmes. (*Nihil lacryma citius arescit. Ad Heren.*, ii, 31.)

Le goût indique également où le ton du discours appelle ou exclut la passion. C'est surtout à la fin qu'elle éclate, lorsqu'il s'agit de frapper les derniers coups et de décider la victoire. Mais que de fois se fait-elle jour, au début, dans le récit, dans la discussion, dans l'attaque et dans la défense!

Une règle commune à l'ensemble et aux détails, aux discours et à la phrase, est celle de la progression. Buffon condamne les orateurs qui, « s'abandonnant au premier feu de leur imagination, prennent un ton qu'ils ne peuvent soutenir. » On comprend aisément la nécessité de ménager ses forces et la sensibilité de l'auditeur; on comprend mieux encore la puissance irrésistible où arrive l'éloquence lorsqu'elle a ébranlé les obstacles par des efforts toujours plus énergiques et des coups toujours plus rudes.

Ainsi, dans l'*Invention oratoire*, les *mœurs* et les *passions* s'expliquent par leurs contraires et par elles-mêmes. Les règles de la rhétorique, qui ne sont autres que celles du goût, apprennent à éviter les écarts, à profiter des inspirations du sentiment sans en épuiser l'effet, à s'éclairer par l'étude des grands écrivains, à trouver par leur exemple, cette juste mesure hors de laquelle il n'y a que le faux. Appliquez ces observations sur les *preuves*, les *mœurs* et les *passions* à l'oraison funèbre de Condé, au discours d'Auguste à Cinna, d'Agrippine à Néron, de Joad à Joas : vous comprendrez la vraie méthode, l'application pratique et l'utilité sérieuse de cette partie de l'art que la Rhétorique appelle *Invention*.

V.

Des diverses Parties du Discours.

Deuxième partie de la Rhétorique : DISPOSITION. — La *Disposition* règle l'usage et l'économie des matériaux fournis par l'*Invention*. Elle y introduit l'ordre, et met les choses dans leur véritable point de vue, chacune à la place où elle doit produire le plus d'impression et d'effet. Elle divise le discours d'après un plan méthodique et raisonné, conforme à l'instinct naturel de l'esprit humain, aux règles de l'expérience et aux nécessités du sujet.

Les rhéteurs anciens comptaient six parties du discours : *Exorde, Proposition* et *Division, Narration, Confirmation, Réfutation* et *Péroraison.* Cette disposition s'appliquait surtout au genre judiciaire, genre si important chez les Grecs et chez les Romains, qu'ils y rapportaient toutes les règles de la Rhétorique. Elle convenait également au genre délibératif, où l'orateur traitait des questions importantes dans de grandes assemblées ou devant tout un peuple. On comprend l'utilité de diviser ainsi le discours dans des matières longues et épineuses.

Dans l'éloquence moderne, et à plus forte raison dans le commerce de la vie, nous n'avons pas besoin d'une division si complète et si minutieuse. Aussi les parties du discours se réduisent-elles pour nous à trois principales, l'*exorde*, la *confirmation* et la *conclusion* ou *péroraison.* Les trois autres parties, qui peuvent devenir utiles ou même nécessaires, et qu'il faut étudier séparément à leur place, rentrent aisément dans les trois que nous venons d'indiquer.

Au reste, la division du discours en six parties n'était pas obligatoire pour les orateurs anciens, non plus que l'ordre où les classe la Rhétorique. L'une et l'autre, comme Cicéron nous l'apprend (*Ad Her.* iii, 9), et comme nous le montrent les modèles, étaient déterminées par le besoin du sujet et le goût de l'orateur.

Exorde. — Tout discours a son exorde, comme toute pièce de théâtre a son exposition. Si court et si simple qu'il soit, l'exorde est une partie essentielle. Lors même que l'orateur ou l'écrivain s'en passe tout à fait, et qu'il entre immédiatement en matière, c'est qu'il s'adresse à des esprits déjà préparés et instruits; il continue une discussion, il réplique, il réfute des opinions exprimées avant lui. Ses devanciers ou ses adversaires se sont chargés pour lui de son exorde. Maxime répond à Cinna :

> Oui, j'accorde qu'Auguste a droit de conserver
> L'empire où sa vertu l'a fait seule arriver.

C'est l'avantage du dialogue, où les idées s'appellent et se répondent.

Dans le discours proprement dit, il faut entrer en matière et occuper l'attention; il faut aborder les auditeurs avec ménagement ou les attaquer de vive force, préparer l'esprit ou le saisir. De là deux espèces d'exorde : l'exorde par préparation ou insinuation, et l'exorde brusque, que les rhéteurs appelaient *ex abrupto.*

L'exorde par préparation change de ton et de caractère suivant les circonstances. C'est une règle générale, au début d'un discours ou d'un livre, de se concilier l'attention et la bonne volonté de l'auditeur ou du lecteur. C'est ce que recommandent Cicéron et Quintilien dans la formule si souvent répétée, *si auditorem fecerit attentum, benevolum, docilem.* Mais il y a dans l'application plusieurs manières de satisfaire à cette condition.

Exorde insinuant. — Si l'orateur est dans une position délicate, s'il s'adresse à des esprits indifférents, aigris ou hostiles, il a besoin d'adresse et de ménagement pour se faire écouter. Il séduit l'attention par des paroles bienveillantes et flatteuses ; il adoucit les préventions par un ton adroit et insinuant, il écarte, par les *précautions oratoires*, toute idée fâcheuse et blessante. C'est ce que l'on appelle proprement l'*exorde par insinuation* (Ἔφοδος, *aditus ad causam*).

Pompée aborde Sertorius en le louant de sa gloire :

> L'inimitié qui règne entre les deux partis
> N'y rend pas de l'honneur tous les droits amortis.
> Comme le vrai mérite a ses prérogatives
> Qui prennent le dessus des haines les plus vives,
> L'estime et le respect sont de justes tributs
> Qu'aux plus fiers ennemis arrachent les vertus ;
> Et c'est ce que vient rendre à la haute vaillance,
> Dont je ne fais ici que trop d'expérience,
> L'ardeur de voir de près un si fameux héros
> Sans lui voir en la main piques ni javelots,
> Et le front désarmé de ce regard terrible
> Qui dans nos escadrons guide un bras invincible.
>
> (SERTORIUS, acte III, scène II.)

Pharnace cherche à tromper la défiance de Mithridate :

> Seigneur, je ne vous puis déguiser ma surprise,
> J'écoute avec transport cette grande entreprise ;
> Je l'admire ; et jamais un plus hardi dessein
> Ne mit à des vaincus les armes à la main.
> Surtout, j'admire en vous ce cœur infatigable
> Qui semble s'affermir sous le faix qui l'accable ;
> Mais, si j'ose parler avec sincérité,
> En êtes-vous réduit à cette extrémité ?

Le Paysan du Danube s'excuse auprès du sénat romain des vérités qu'il va lui dire :

> Romains, et vous, sénat, assis pour m'écouter,
> Je supplie avant tout les dieux de m'assister.
> Fassent les immortels, protecteurs de ma langue,
> Que je ne dise rien qui doive être repris.
> Sans leur aide, il ne peut entrer dans les esprits
>   Que tout mal et toute injustice.

Exorde grave et sublime. — Voilà comme procède l'orateur, quand il s'engage dans un pas difficile, et qu'il sent le terrain mal assuré sous ses pieds. Si, au contraire, il est sûr de son influence et de son autorité, sa parole prend alors une gravité, une énergie, une grandeur qui peut aller jusqu'au sublime. Ces exordes majestueux appartiennent surtout à l'éloquence de la chaire; cependant, on les rencontre aussi au barreau, à la tribune, dans la famille même. On sait avec quelle simplicité héroïque le vieil Horace engage Camille à se consoler de la mort de son amant :

> Ma fille, il n'est plus temps de répandre des pleurs.
> Il sied mal d'en verser où l'on voit tant d'honneurs;
> On pleure injustement des pertes domestiques
> Quand on en voit sortir des victoires publiques.
> Rome triomphe d'Albe, et c'est assez pour nous;
> Tous nos maux à ce prix doivent nous être doux.

Auguste, délibérant avec ses conseillers, annonce dans un magnifique langage les incertitudes où le jette la comparaison du pouvoir et de la liberté :

> Cet empire absolu sur la terre et sur l'onde,
> Ce pouvoir souverain que j'ai sur tout le monde,
> Cette grandeur sans borne et cet illustre rang
> Qui m'a jadis coûté tant de peine et de sang ;
> Enfin, tout ce qu'adore en ma haute fortune
> D'un courtisan flatteur la présence importune
> N'est que de ces beautés dont l'éclat éblouit,
> Et qu'on cesse d'aimer sitôt qu'on en jouit, etc.
>
> (Acte ii, scène i.)

Mais l'éloquence sacrée, où l'idée du beau domine dans son expression la plus pure et la plus sainte, présente les plus beaux et les plus grands modèles d'exordes pathétiques et sublimes. Nous ne pouvons que rappeler ici ceux des oraisons funèbres de Henriette de France, de Henriette d'Angleterre, de Marie-Thérèse et d'Anne de Gonzague, celui du sermon sur l'unité de l'Église, où l'éloquence s'élève au ton de l'ode et de l'épopée, et celui de l'oraison funèbre de Turenne, par Fléchier.

Exorde simple. — L'exorde n'a pas toujours tant d'habileté ni tant d'éclat. Dans la délibération, dans la discussion des affaires, où le charme de la parole compte pour peu de chose, où il faut aller droit au fait, l'exorde est souvent simple jusqu'à la nudité ; mais cette simplicité même a sa grandeur et sa force. Agrippine dit à Néron :

> Approchez-vous, Néron, et prenez votre place :
> On veut sur vos soupçons que je vous satisfasse ;
> J'ignore de quel crime on a pu me noircir ;
> De tous ceux que j'ai faits je vais vous éclaircir.

Auguste est plus simple encore avec Cinna :

> Prends un siége, Cinna, prends, et sur toute chose
> Observe exactement la loi que je t'impose, etc.

Ces exemples nous ont montré l'exorde par préparation tour à tour souple et insinuant, grave et sublime, simple et vigoureux. Mais, dans les grandes passions, l'éloquence se passe des préparations même les plus courtes : elle attaque et frappe sans avertir, c'est l'exorde brusque ou *ex abrupto*.

Exorde ex abrupto. — On a cité mille fois l'exorde de la *Première Catilinaire : « Jusques à quand abuseras-tu de notre patience, Catilina ? »* Ici, les exemples abondent ; il suffit presque d'ouvrir au hasard les chefs-d'œuvre des poëtes, d'entendre Camille devant Horace :

> Donne-moi donc, barbare, un cœur comme le tien ;
> Et si tu veux enfin que je t'ouvre mon âme,
> Rends-moi mon Curiace, ou laisse agir ma flamme.
> (Acte IV, scène V.)

ou Burrhus aux pieds de Néron :

> Non, quoi que vous disiez, cet horrible dessein
> Ne fut jamais, seigneur, conçu dans votre sein.
> (Acte V, scène VI.)

L'exorde, quand il n'est pas, comme dans ces exemples, un cri du cœur, un élan de la passion, se tire de vérités générales et imposantes, comme les paroles que nous avons citées d'Auguste ou du Paysan du Danube, comme le début de l'oraison funèbre de Henriette de

France. Le danger des maximes générales est de tourner au lieu-commun, dans le sens fâcheux du mot. Aussi l'exorde se tire-t-il plutôt encore de circonstances propres au sujet ou à l'orateur, d'une comparaison, d'un souvenir, d'un accident. L'emploi des textes sacrés a souvent inspiré aux prédicateurs des exordes singulièrement heureux. (Oraisons funèbres de Henriette d'Angleterre, d'Anne de Gonzague, de Turenne, etc.)

2° *Proposition* et *Division*. — La *Proposition*, où l'orateur énonce sommairement le sujet, se fond souvent dans l'exorde, et ne s'en détache que dans les discours de longue haleine, comme les grands plaidoyers, les sermons, les oraisons funèbres; encore Bossuet ne la sépare-t-il presque jamais. En voici un curieux exemple, tiré de la *Mort de Pompée*. Septime dit au roi Ptolomée:

> Pompée a besoin d'aide : il vient chercher la vôtre;
> Vous pouvez, comme maître absolu de son sort,
> Le servir, le chasser, le livrer vif ou mort.
> Des quatre, le premier vous serait trop funeste.
> Souffrez donc qu'en deux mots j'examine le reste.

A la *Proposition* se rattache la *Division*, qui n'en est qu'un accident. Un sujet vaste et compliqué peut se partager en divers points, que l'orateur traite successivement. Il trace ainsi le chemin à ses auditeurs : « Il rafraîchit leur attention, dit Quintilien, en leur montrant à chaque partie des repos déterminés; de même que dans une longue route, les bornes qui marquent les distances diminuent beaucoup la fatigue; car c'est une satisfaction de mesurer la tâche accomplie, et un encouragement pour en achever le reste, que de savoir ce que l'on a devant soi. » Aussi trouve-t-on la *division* nette et régulière dans les grands discours de Cicéron, pour Archias, pour Muréna, pour la loi Manilia. A plus forte raison la rencontre-t-on dans les sermons de Bossuet, de Bourdaloue, de Massillon, où l'orateur se propose d'instruire, et où, dans des questions de dogme ou de morale, il a besoin de s'assurer constamment l'attention de son auditoire.

Fénelon a sévèrement blâmé cet usage des *divisions*, même chez les prédicateurs. « Les divisions, dit-il, ne mettent qu'un ordre apparent; de plus, elles dessèchent et gênent le discours; elles le coupent en deux ou trois parties qui interrompent l'action de l'orateur et l'effet qu'elle doit produire. Il n'y a plus d'unité véritable, ce sont deux ou trois discours différents qui ne sont unis que par une liaison arbitraire. » (2ᵉ Dialogue, édition classiq., page 202.) Nous croyons ces critiques beaucoup trop sévères : Fénelon, qui, dans son premier Dialogue, ne proscrit pas la division, pourvu qu'elle soit simple et claire, s'accuse lui-même dans le second d'être *bizarre sur cet article*. La division ne convient pas aux petits sujets, où elle est inutile; mais elle porte la lumière dans les complications et dans les difficultés des grands. Qu'elle soit complète, claire, progressive et naturelle, elle intéressera l'auditeur en l'instruisant. Quant à dessécher le discours, c'est la faute de l'orateur, et non de la méthode. On peut s'en convaincre par la *Proposition* et la *Division* du sermon de Bossuet sur l'*Unité de l'Église* : « Écoutez, voici le mystère de l'unité catholique, et le principe immortel de la beauté de l'Église. Elle est belle et une dans son tout, c'est ma première partie, où nous verrons la beauté de tout le corps de l'Église; belle et une en chaque membre, c'est ma seconde partie, où nous verrons la beauté particulière de l'Église gallicane dans ce beau tout de l'Église universelle; belle et d'une beauté et d'une unité durables, c'est ma dernière partie, où nous verrons dans le sein de l'unité catholique des remèdes pour prévenir les moindres commencements de division et de trouble. »

3° *Narration.* — La narration est le récit des faits. Elle n'est guère une partie nécessaire du discours que dans le genre judiciaire ; quand les faits sont connus, il n'y a plus de récit. Dans le discours, la narration, qui devient un moyen de persuasion et presque une partie de la preuve, est soumise à certaines conditions, déterminées par l'intérêt de l'orateur et de la cause.

Trois sortes de narrations : — Narration historique. La narration de l'historien n'est donc pas la même que celle du poëte et de l'orateur. Elle doit être vraie, fidèle et complète. « La pensée de l'historien, dit Lucien, est « un miroir pur, limpide, parfaitement exact à son « centre ; il doit reproduire les formes des objets telles « qu'il les reçoit, sans en altérer les traits, la couleur ni « la forme. » (*De la manière d'écrire l'histoire*, LI.)

Toutefois cette fidélité rigoureuse n'exclut pas l'art et la délicatesse du récit, ni l'éloquence et l'énergie des tableaux. Il suffit de nommer Tacite et Tite-Live, ces deux maîtres de l'histoire, qui ont été des maîtres immortels : Rollin explique parfaitement ce caractère de leur génie, quand il analyse le récit du combat des Horaces. Il fait d'abord la matière de la narration, réduite aux circonstances essentielles et dépouillée de tout ornement. Il compare ensuite à ce sommaire le récit de Tite-Live, et montre « la merveilleuse variété qui y règne, « et les divers mouvements de crainte, d'inquiétude, « d'espérance, de joie, de désespoir, de douleur, cau- « sés par des changements subits et des vicissitudes ino- « pinées, qui réveillent l'attention par une agréable « surprise, qui tiennent jusqu'à la fin l'esprit du lecteur « comme en suspens, et qui par cette incertitude même « lui procurent un plaisir incroyable, surtout quand le « récit se termine par un événement intéressant et sin- « gulier. » (*Traité des Études*, liv. III, chap. III, II, 2.)

Narration poétique — Le poëte et l'orateur ont la liberté, interdite à l'historien, de donner aux événements l'aspect et la physionomie qui doivent plaire ou persuader. Ils embellissent le récit, chacun à sa manière ; ils l'enrichissent de traits et d'images qui intéressent l'esprit et le frappent; ils en élaguent et retranchent, l'un ce qui ne plaît pas, l'autre ce qui peut nuire à sa cause.

La narration poétique orne ou imagine les événements. Elle supprime tout ce qui est plat, fade et sans couleur; elle agrandit ou crée les personnages, décrit et peint les objets; donne aux hommes, aux sentiments, aux actions un caractère idéal; introduit le merveilleux dans les scènes de la vie humaine. On connaît les immortels récits d'Homère et de Virgile. Fénelon, dans le *Télémaque*, a la grâce facile et charmante des Grecs. Combien de récits pourrions-nous citer de nos grands poëtes tragiques, auxquels on a reproché l'abus de la narration poétique : combat de Rodrigue contre les Maures, des Horaces et des Curiaces, récit de la mort de Mithridate, du sacrifice d'Ériphile, de la mort d'Hippolyte, et cent autres. Avons-nous besoin de rappeler, dans la comédie, les brillantes narrations des *Fâcheux* et du *Menteur*?

Narration oratoire. — Il n'est pas permis à l'orateur d'imaginer les faits et de créer, comme fait le poëte. La *narration oratoire* doit être vraie, quoique les grands orateurs eux-mêmes n'aient pas toujours obéi à cette loi. Elle ne doit jamais descendre au mensonge, ni altérer la vérité; mais elle peut l'adoucir. Elle en atténue les traits blessants ou odieux; elle fait valoir, elle met en relief et en lumière les détails favorables du récit, qui servent à convaincre et à persuader.

La rhétorique ancienne considérait surtout la narration oratoire au point de vue du genre judiciaire. Aussi l'exemple de *narration* par excellence est-il le récit de la mort de Clodius, dans le plaidoyer de Cicéron pour Milon. Cette narration, en effet, est un modèle d'adresse et d'art plus que de bonne foi. Elle offre d'ailleurs toutes les qualités demandées par la rhétorique : clarté, vraisemblance, brièveté, intérêt, passion même. Ajoutons que les avocats racontent et présentent encore de nos jours les faits et les événements, comme on faisait au temps de Cicéron.

Hors du barreau, dans le genre démonstratif, la narration oratoire change de caractère. Il ne s'agit pas de gagner les juges par le récit habile et insinuant des faits. L'orateur n'a plus qu'à intéresser, à toucher les cœurs par le récit de la vérité, avec plus de passion que l'historien, moins d'imagination que le poëte. Tel est le récit de la bataille de Rocroy, où la fidélité de l'historien s'allie admirablement à la conviction de l'orateur, à l'enthousiasme du poëte, sans les fantaisies et les libertés du dernier.

On comprendra mieux la différence de la narration historique et de la narration oratoire, si l'on compare le récit de Bossuet à celui de Voltaire, qui, dans le *Siècle de Louis XIV*, raconte les mêmes événements presque dans les mêmes termes, en réduisant le magnifique langage de Bossuet à la simplicité de l'histoire (*Or. fun. de Louis de Bourbon*, édit. class., page 300, note 4). On peut faire la même étude sur le récit de la mort de la duchesse d'Orléans par Bossuet et par madame de La Fayette. (*Ibid.*, pages 48 et 64.)

4° *Confirmation*. — La confirmation est une partie essentielle du discours : elle en est le corps et la substance. L'*exorde* a préparé l'auditeur ; la *proposition* et la *narration* l'ont instruit et éclairé ; la *confirmation* lui montre la vérité dans toute sa lumière et porte la conviction dans son esprit.

Nous avons vu, dans l'*Invention*, ce que c'est que les *preuves*, et comment les *lieux-communs* aident l'orateur à mettre en œuvre les matériaux qu'il a réunis. Ce qu'ils n'apprennent pas, c'est le choix et l'ordre de ces matériaux. L'orateur et l'écrivain doivent choisir parmi les preuves : car elles se pèsent plus qu'elles ne se comptent, et il en est de faibles, de secondaires, qu'on peut laisser de côté, quand on a mieux à dire. Joad, pour affermir ses lévites, ne calcule pas les faibles moyens de résistance qu'il peut opposer aux soldats d'Athalie ; il n'a qu'un motif de confiance :

> J'attaque en téméraire une reine orgueilleuse;
> Mais ma force est au Dieu dont l'intérêt me guide...
> Dieu sur ses ennemis répandra la terreur.

L'*ordre* des preuves dépend des convenances du sujet. La progression continue a ses avantages, quand on est sûr d'occuper l'auditeur dès l'abord. Ainsi raisonne Mithridate avec ses fils :

> Ne vous figurez point que de cette contrée
> Par d'éternels remparts Rome soit séparée, etc.

Mais un *ordre* plus puissant et plus suivi consiste à mettre les preuves les plus concluantes au début et à la conclusion de la *confirmation*, et les plus faibles au milieu. L'esprit est saisi dès l'abord, maintenu dans le développement des preuves, et soumis, en terminant, à des impressions plus fortes encore et plus durables. C'est la disposition que Quintilien appelle l'ordre homérique, parce qu'elle reproduit l'ordre de bataille adopté par Nestor : « En tête, il place les cavaliers avec les « chevaux et les chars; à l'arrière-garde, des fantassins « nombreux et braves, pour soutenir le fort du combat ; « il pousse au centre les mauvais soldats, afin de les « faire combattre même malgré eux. » (*Iliade*, IV, 297.)

Ainsi Clytemnestre, disputant sa fille à la fatalité qui la réclame, fait parler d'abord l'amour paternel ; elle épouvante Agamemnon par l'atrocité du crime qu'il va commettre :

> Quoi! l'horreur de souscrire à cet ordre inhumain
> N'a pas, en le traçant, arrêté votre main?

C'est après ces reproches sanglants qu'elle discute l'autorité des oracles, contre laquelle elle se sent impuissante :

Un oracle dit-il tout ce qu'il semble dire?

C'est là qu'elle propose une cruauté pour une autre, le sacrifice d'Hermione au lieu de celui d'Iphigénie: c'est là qu'elle demande si la gloire d'Hélène mérite d'être achetée si cher :

> Si du crime d'Hélène on punit sa famille,
> Faites chercher à Sparte Hermione sa fille...
> Que dis-je? cet objet de tant de jalousie,
> Cette Hélène qui trouble et l'Europe et l'Asie,
> Vous semble-t-elle un prix digne de vos exploits?

Mais, après ces raisons trop faibles pour balancer les arrêts des Dieux et l'orgueil de toute la Grèce, la passion éclate dans toute sa puissance; l'amour maternel, argument irrésistible aux yeux de Clytemnestre, porte les derniers coups, et les plus forts :

> Un prêtre, environné d'une foule cruelle,
> Portera sur ma fille une main criminelle, etc.

Amplification. — Il ne suffit pas de choisir et de disposer les preuves ; il faut en tirer tout l'effet possible, en leur donnant toute leur force. On y parvient par l'*amplification oratoire*, qui développe la preuve et la pensée, qui la fait pénétrer dans les esprits, en la présentant dans toute son *ampleur*, sans diffusion comme sans sécheresse. L'amplification (qu'il ne faut pas prendre dans l'acception fâcheuse donnée souvent à ce mot) fait voir un objet sous toutes ses faces, qu'elle éclaire également. On a vu, par les exemples cités plus haut, que les *lieux-communs*, tels que *l'énumération des parties, la définition*, etc., sont des moyens d'amplification sûrs et solides, pourvu qu'ils soient employés à propos, et qu'ils aient pour fondement des choses, des raisons, des vérités.

Une autre forme d'amplification, qui est toujours nécessaire, toujours puissante et irrésistible, consiste à redoubler la pensée, pour la faire comprendre et adopter.

Tous les grands écrivains en offrent des exemples à l'infini. Massillon et Bourdaloue excellent dans ces développements par redoublements d'idées, qui augmentent sans cesse la lumière et la force. Dans Bossuet, l'amplification, pour se laisser moins voir, et pour être plus variée dans la forme, n'en est pas moins féconde et puissante. L'exorde de l'oraison funèbre de Henriette de de France n'est que le développement du texte par redoublement d'idées. Tous les grands poëtes appellent constamment l'amplification au secours de la logique et de la passion; mais Molière y excelle entre tous. Voici l'un des plus curieux et des plus beaux exemples que notre langue présente de ce procédé oratoire :

> Eh quoi! vous ne ferez nulle distinction
> Entre l'hypocrisie et la dévotion?
> Vous voulez les traiter d'un semblable langage?
> Rendre le même honneur au masque qu'au visage?
> Egaler l'artifice à la sincérité,
> Confondre l'apparence et la réalité,
> Estimer le fantôme autant que la personne,
> Et la fausse monnaie à l'égal de la bonne?

5° *Réfutation.* — La *réfutation*, qui consiste à détruire les arguments d'un adversaire, n'est en réalité qu'une partie de la confirmation. Réfuter la thèse contraire, c'est prouver la nôtre. Beaucoup de discours développés ne comportent pas de *réfutation*. C'est une partie de l'art qui convient surtout au genre judiciaire et au genre délibératif. On comprend d'ailleurs qu'elle est, plus qu'aucune autre partie du discours, du ressort de la dialectique. Le philosophe, le savant, en font un usage perpétuel.

La réfutation ne procède pas toujours de même dans la dialectique et dans l'éloquence.

Dans la dialectique, elle attaque les arguments de l'adversaire par les procédés de l'école, en démontrant qu'il est tombé dans les vices de raisonnement qu'on appelle *sophismes* ou *paralogismes*. Le *sophisme* est une

erreur volontaire, un effet de la mauvaise foi; le *paralogisme* est involontaire, c'est une faiblesse de l'esprit.

Il est difficile de trouver, chez les grands écrivains,
des exemples de sophismes, sinon de ceux qu'ils réfu-
tent; car ils ne sont grands qu'à la condition d'être
vrais. Cependant les écrivains célèbres n'en sont pas
toujours exempts; et, d'ailleurs, les poëtes comiques
nous fournissent, dans la peinture des erreurs et des
travers de l'humanité, d'abondants exemples de faux
raisonnements. Nous en indiquerons les plus saillants.

Principaux sophismes : 1° *Ignorance du sujet* (*igno-
ratio elenchi, quipro quo*). Ce *sophisme* ou *paralogisme*
consiste à fausser la question en démontrant ce qui n'est
pas contesté, ou ce qui est hors du sujet; ou bien encore
à imputer à l'adversaire une opinion qui n'est pas la
sienne. Écoutons Rousseau attaquer Molière, à propos
du *Misanthrope :* « Convenons que l'intention de l'auteur
« étant de plaire à des esprits corrompus, ou sa morale
« porte au mal, ou le faux bien qu'elle prêche est plus
« dangereux que le mal même, en ce qu'il séduit par
« une apparence de raison; en ce qu'il fait préférer
« l'usage et les maximes du monde à l'exacte probité;
« en ce qu'il fait consister la sagesse dans un certain
« milieu entre le vice et la vertu; en ce qu'au grand
« soulagement des spectateurs il leur persuade que,
« pour être honnête homme, il suffit de n'être pas un
« franc scélérat. » (*Lettre à D'Alembert sur les spectacles.*)

Voici le reproche que Philaminte fait à Clitandre dans
les *Femmes Savantes :*

> Il fait profession de chérir l'ignorance
> Et de haïr surtout l'esprit et la science.

Clitandre y répond en divisant la question.

> Cette vérité veut quelque adoucissement;
> Je m'explique, madame, et je hais seulement

La science et l'esprit qui gâtent les personnes.
(MOLIÈRE, *les Femmes Savantes*, IV, III.)

2° *Pétition de principes* (*petitio quisiti propositæ*). Elle consiste à donner pour solution la question elle-même, à définir un objet par le terme même qui a besoin d'être défini. Tout le monde connaît le fameux paralogisme du Malade imaginaire sur la vertu soporifique de l'opium.

On en trouve un non moins plaisant dans le *Médecin malgré lui*. — « Je touche au but du premier coup, et « je vous apprends que votre fille est muette. — Oui; « mais je voudrais bien que vous me pussiez dire d'où « cela vient. — Il n'est rien de plus aisé ; *cela vient de « ce qu'elle a perdu la parole.*— Fort bien. Mais la cause, « s'il vous plaît, qui fait qu'elle a perdu la parole? — « Tous nos meilleurs auteurs vous diront que *c'est l'em-* « *pêchement de l'action de sa langue.* — Mais encore , « vos sentiments sur cet empêchement de l'action de la « langue? — Aristote, là-dessus, dit de fort belles cho- « ses. » (Acte II, scène II.)

Le *cercle vicieux* n'est qu'une variété de la *pétition* de principes. On prouve une proposition par une autre qui s'appuie sur la proposition même qui est à démontrer; on explique une proposition inconnue ou incertaine par une autre plus incertaine encore et plus inconnue. L'esprit alors tourne dans un cercle sans issue. « Quel avan- « tage, dit Pascal, pensait nous procurer Platon en disant « de l'homme que c'était un animal à deux pieds, sans « plumes? Comme si l'idée que j'en ai naturellement, et « que je ne puis exprimer, n'était pas plus nette et plus « sûre que celle qu'il me donne par son explication inu- « tile et même ridicule ; puisqu'un homme ne perd pas « l'humanité en perdant ses deux jambes, et qu'un cha- « pon ne l'acquiert pas en perdant ses plumes.— Il y en « a qui vont jusqu'à cette absurdité d'expliquer un mot « par le mot même. J'en sais qui ont défini la lumière

« en cette sorte : La lumière est un mouvement lumi-
« naire des corps lumineux. Comme si on pouvait en-
« tendre les mots de luminaire et de lumineux sans celui
« de lumière. » (*Pensées, de l'esprit géométrique*, I,
1. édit. annotée par M. Havet, page 445.)

3° *Erreur sur la cause* (*non causa, pro causa*). Ici
l'erreur tient à une induction vicieuse. Sur un rapport
apparent, sur une analogie, une coïncidence fortuites,
on conclut d'un effet réel à une cause qui ne l'est pas.
La scholastique exprimait cette erreur par la formule :
après ou *avec cela, donc à cause de cela* (*post hoc, cum
hoc, ergo propter hoc*). C'est l'origine de tous les préju-
gés et de toutes les erreurs populaires.

Le poëte Lysidas, dans la *Critique de l'École des femmes*, fait contre Molière un sophisme de ce genre : « Ar-
« nolphe ne donne-t-il pas trop librement son argent à
« Horace? Et puisque c'est le personnage ridicule de la
« pièce, fallait-il lui faire faire l'action d'un honnête
« homme? »

Rousseau, pour prouver que Molière, dans le *Misanthrope*, s'est proposé de rendre la vertu ridicule, emploie le même sophisme. « Vous ne sauriez me nier
« deux choses : l'une qu'Alceste est dans cette pièce un
« homme droit, sincère, estimable, un véritable homme
« de bien; l'autre, que l'auteur lui donne un personnage
« ridicule. C'en est assez, ce me semble, pour rendre
« Molière inexcusable. » (*Lettre sur les spectacles.*) La
Harpe fait voir le vice et la mauvaise foi de ce raisonnement, en montrant que le ridicule du personnage ne
porte pas sur sa droiture et sa probité, mais sur des travers réels qui tiennent à l'excès de ces bonnes qualités.

4° *Dénombrement imparfait.* Dans ce sophisme, l'un
des plus communs, on affirme la vérité d'une analyse,
d'une énumération où certaines parties de la question
ont été omises. Le brillant dilemme du vieil Horace
défendant son fils pêche par un vice de ce genre.

> Où penses-tu choisir un lieu pour son supplice?
> Sera-ce entre ces murs, que mille et mille voix
> Font résonner encor du bruit de ses exploits?
> Sera-ce hors des murs, entre ces mêmes places
> Qu'on voit fumer encor du sang des Curiaces,
> Entre leurs trois tombeaux, et dans ce champ d'honneur
> Témoin de sa vaillance et de notre bonheur?

Il est cependant un lieu où Horace peut subir le supplice : c'est celui où il a tué sa sœur.

5° *Erreur des faits accidentels* (*fallacia accidentis*). C'est encore un sophisme par induction. Il consiste à conclure du particulier au général, d'un fait accidentel, d'une vérité partielle et relative, à une loi universelle et absolue. Ainsi raisonnent dans la colère Orgon et Alceste : ils imputent à l'humanité la méchanceté d'un homme.

> Quoi! sous un beau semblant de ferveur si touchante
> Cacher un cœur si double, une âme si méchante?
> Et moi qui l'ai reçu gueusant et n'ayant rien...
> C'en est fait : je renonce à tous les gens de bien,
> J'en aurai désormais une horreur effroyable,
> Et m'en vais devenir pour eux pire qu'un diable.
>
> *Tartufe*, V, i.

> Le voilà devenu mon plus grand adversaire!
> Et jamais de son cœur je n'aurai de pardon
> Pour n'avoir pas trouvé que son sonnet fût bon!
> Et les hommes, morbleu! sont faits de cette sorte!
> C'est à ces actions que la gloire les porte!
> Voilà la bonne foi, le zèle vertueux,
> La justice et l'honneur que l'on trouve chez eux!
> Allons! c'est trop souffrir les chagrins qu'on nous forge.
> Tirons-nous de ce bois et de ce coupe-gorge.
> Puisque entre humains ainsi vous vivez en vrais loups,
> Traîtres! vous ne m'aurez de ma vie avec vous.
>
> *Le Misanthrope*, V, i.

6° *Équivoque* ou *Ambiguïté des mots* (*amphibolia*). Ici, l'on abuse des acceptions diverses des mots pour déplacer la discussion et égarer l'esprit.

> — Un sot savant est sot plus qu'un sot ignorant.
> — Le sentiment commun est contre vos maximes.

4.

Puisque *ignorant* et *sot* sont termes synonymes.

Les Femmes Savantes, IV, III.

Rousseau, attaquant Molière, équivoque sur les mots. « On pourrait dire qu'il a joué dans Alceste, non la « vertu, mais un véritable défaut, qui est la haine des « hommes. A cela je réponds qu'il n'est pas vrai qu'il « ait donné cette haine à son personnage : il ne faut « pas que ce nom de Misanthrope en impose, comme « si celui qui le porte était ennemi du genre humain. « Une pareille haine ne serait pas un défaut, mais une « dépravation de la nature et le plus grand de tous les « vices. Le vrai Misanthrope est un monstre. S'il pou- « vait exister, il ne ferait pas rire ; il ferait horreur. » (*Lettre sur les spectacles*).

Ces principes sont communs à la dialectique et à l'éloquence. Au barreau, dans la chaire, à la tribune comme dans l'école, dans les livres comme dans les discours, il faut savoir distinguer et saisir, au milieu de leurs manœuvres, de leurs feintes, de leurs détours, les sophismes de chicane, d'intérêt, de passion. Mais l'orateur ne se sert pas uniquement de cette tactique subtile, de cette escrime adroite et minutieuse, pour atteindre et frapper l'adversaire. Dans la passion, ses mouvements sont plus hardis, ses attaques plus fran- ches, ses coups plus violents et plus irrésistibles. S'il est sûr de son génie, il perce l'adversaire à jour par la plaisanterie, il le terrasse par la passion.

La plaisanterie est une arme dangereuse, qu'il faut manier avec adresse et légèreté, qui peut se retourner cruellement contre l'orateur : mais, employée à propos, elle a des effets redoutables. On sait avec quelle com- plaisance Cicéron, dans le second livre de l'*Orateur*, explique l'usage de ce moyen qu'il maniait avec tant d'esprit et de bonheur.

La passion est encore une arme puissante, quand elle

a pour soutien toute la force de la vérité. C'est elle qui dicte à Démosthène ces réponses admirables par lesquelles il détruit les accusations d'Eschine. C'est elle qui, dans la bouche de Bossuet, dénonce la mauvaise foi, la présomption des incrédules, et les confond par des paroles foudroyantes, après avoir mis sous leurs yeux, comme des preuves éclatantes de la vérité, les erreurs d'Anne de Gonzague ou les vertus de M. Le Tellier. C'est la passion qui inspire à nos poëtes dramatiques tant d'attaques et de répliques éloquentes, dans ces luttes ardentes qui font la beauté de la poésie dramatique.

6° *Péroraison.* — La péroraison est la dernière partie du discours. La vérité est démontrée; il faut conclure, en résumant les points principaux, et entraîner, par un dernier effort du sentiment. De là deux parties dans la *Péroraison*.

1° La *récapitulation* ou *conclusion* (ἀνακεφαλαίωσις), est indispensable; un discours d'affaires se passe d'une péroraison pathétique, mais jamais d'une conclusion. L'orateur réduit et resserre en quelques mots les principales preuves, et en déduit la vérité qu'il voulait démontrer.

2° *La péroraison pathétique* (*indignatio, commiseratio*), émeut une dernière fois les passions, arrache les larmes, fait éclater la colère, enflamme l'enthousiasme, en un mot, entraîne l'auditeur, et le précipite dans la voie où le discours l'a conduit. Nous n'avons pas besoin de citer les péroraisons du plaidoyer de Cicéron pour Milon, de l'Oraison funèbre de Condé, celles des discours de Burrhus à Néron, de Joad aux lévites, mille autres encore, immortels monuments de vérité et de passion, dont l'effet sera toujours irrésistible, tant qu'il se trouvera des hommes dignes de les sentir.

VI.

Quelles sont, parmi les règles de l'art oratoire, celles qui s'appliquent à toute composition.

En parcourant, dans les numéros qui précèdent, les règles de l'Invention et de la Disposition, nous avons remarqué qu'elles sont presque toujours communes à l'orateur et à l'écrivain. En effet, les grands principes de la composition sont les mêmes pour tous les genres. Quels que soient les sujets où s'applique l'esprit humain, que la raison ou l'imagination dominent, le fond exige toujours le même ordre et la même méthode, déterminées par le bon sens et le goût.

La première règle propre à l'art oratoire est la Division de la Rhétorique en trois parties. Nous avons vu que cette division est commune à tous les arts, et qu'elle est impérissable. Depuis les créations les plus brillantes et les plus hardies de l'imagination jusqu'aux expositions les plus calmes et les plus froides de la raison, depuis les chefs-d'œuvre des poëtes jusqu'aux lettres d'affaires, il faut toujours satisfaire à cette triple condition de l'invention, du plan et de l'élocution. Il n'y a de différence que dans les détails de l'exécution.

Invention. — Nous avons déjà fait voir à propos de l'Invention oratoire que ses diverses parties conviennent à la poésie comme à l'éloquence. Nous avons même multiplié à dessein les citations empruntées aux chefs-d'œuvre de la poésie, pour faire voir qu'elle emprunte à l'art oratoire non-seulement les principes des *mœurs* et des *passions*, dont elle est constamment le langage, mais jusqu'aux règles de la *preuve*, au moins dans le genre dramatique et dans le genre didactique, où l'éloquence a une si grande part.

Nous n'avons pas besoin de rappeler que, dans les

preuves, les *arguments* et les *lieux-communs* appartiennent plus encore à la dialectique et à la philosophie
qu'à l'éloquence. Au reste, tous les genres de composition littéraire où la vérité se développe, se discute et se
défend, ont besoin de ces moyens et de ces armes qu'on
laisse trop dédaigneusement se rouiller dans la pous-
sière des écoles. On pourrait même aller plus loin, et
dire presque de l'*enthymème* et du *dilemme* ce que
Dumarsais dit des figures de rhétorique : « qu'il s'en
« fait plus un seul jour de marché à la halle qu'il ne
« s'en fait en plusieurs jours d'assemblées académi-
« ques. » (*Des Tropes*, ch. 1).

Quant aux *lieux-communs*, malgré la défaveur attachée à ce nom, croira-t-on que la *définition* et l'*énumération des parties* conviennent uniquement aux brillants passages de Fléchier que nous avons cités
(page 43)? L'avocat, l'orateur politique, le philosophe,
le publiciste, le savant, ne se trouvent-ils pas tous les
jours forcés de définir un fait, un objet, d'en énumérer
tous les détails, de présenter leur pensée sous toutes ses
faces, pour la faire pénétrer dans les esprits rebelles?
Le lieu-commun des *contraires* est une des formes les
plus favorables à la démonstration philosophique de la
vérité : l'homme comprend mieux les objets, quand on
lui explique ce qu'ils ne sont pas que quand on les lui
propose directement, en lui laissant la peine de les
reconnaître et de les étudier tout seul. Le lieu-commun
des *circonstances*, employé constamment au barreau
par l'attaque et par la défense, est un de ceux qui font
tous les jours les frais de la conversation ; la médisance
s'exerce sur les *antécédents* et les *conséquents*, les *causes*
et les *effets*, mille fois plus encore que l'art oratoire.
Or souvent, certaines compositions littéraires, comédies, satires, essais de morale, tels qu'en ont laissé Montaigne, La Rochefoucauld et La Bruyère, ne sont autre
chose que des conversations excellentes, tenues par les

gens les plus délicats et les plus profonds. Personne même n'a plus employé que La Bruyère ces procédés de style qui définissent la pensée et la produisent sous tous ses aspects.

On voit, par cette courte revue, que les lieux-communs, ramenés des formules arides de l'école à l'expression animée et vraie de la vie, sont d'un emploi journalier dans la philosophie, dans la science, dans la conversation même du monde.

L'histoire, il est vrai, ne fait guère usage des diverses formes de la preuve; car elle expose et raconte la vérité sans la démontrer. Les faits conduisent et soutiennent l'historien; témoin et juge des événements, il ne discute ni ne plaide. Mais il est d'autres parties de l'art oratoire où il trouve son enseignement et son profit, surtout dans les règles de l'*élocution* et du style.

Nous n'avons pas besoin de démontrer longuement que les règles des *mœurs* et des *passions* s'appliquent à toutes les compositions littéraires. Sans doute, il n'y a pas de mœurs oratoires, et à plus forte raison de passion dans le développement des vérités de raison ou de calcul, dans l'exposition des phénomènes de la nature. Mais toute œuvre littéraire, c'est-à-dire où l'homme met quelque chose de ses sentiments et de son âme, pour séduire et toucher l'âme d'autrui, demande une étude profonde des mœurs et des passions. La dignité, la probité, le respect de soi-même et des autres, le zèle pour leurs intérêts, sont des règles universelles, auxquelles il faut obéir dans tous les moments, dans tous les détails de la vie. Comment ne seraient-elles pas obligatoires dans les œuvres de l'écrivain? Quant aux passions, le goût en règle et modère les élans, les excite ou les tempère selon les convenances; mais nous avons vu qu'il faut émouvoir ou entraîner, ou tout au moins plaire et séduire, sous peine d'être ennuyeux. Dans une lettre, dans une conférence, dans une simple conversation, la mesure, la politesse, le bon goût et l'à propos, la vivacité, la verve et l'entraînement ne sont autre chose que ces *mœurs* et ces *passions* classées dans la rhétorique comme une partie de la science.

On nous dira peut-être que le bon sens et l'usage sont les meilleurs maîtres en pareille matière, et que la science gâte les dons naturels, en substituant l'étude et l'affectation aux inspirations naïves et faciles. S'il en était ainsi, l'on trouverait toutes ces qualités au plus haut degré dans les ignorants, ce qui ne s'est pas vu encore. Les grands maîtres de l'art oratoire, depuis Aristote et Cicéron jusqu'à Rollin et Buffon, n'ont jamais prétendu donner des recettes de convenance et de pathétique; ils ont ajouté seulement à l'instinct et au goût naturels les conseils de l'expérience, pour leur faciliter la voie et les préserver de l'erreur.

Disposition. — Les règles de la *Disposition* ne sont pas moins générales que celles de l'*Invention*. Sans doute, on n'aura pas toujours à diviser un discours, à plus forte raison un traité, un rapport, une lettre, en six parties obligées, exorde, narration, etc. Mais cependant une lettre et un rapport ont une exposition, un développement et une conclusion, ni plus ni moins qu'une oraison funèbre et une tragédie. Il faut, même dans les matières étrangères à la littérature, un *exorde*, ou une exposition nette, précise, intéressante, qui mette les lecteurs ou les auditeurs au fait, avec aisance et sans brusquerie, et les prépare à goûter ce qu'on veut leur faire entendre. Il faut une *confirmation*, c'est-à-dire le développement raisonné, progressif de toutes preuves qui n'appartiennent pas aux démonstrations mathématiques. En effet, dans les sciences exactes, il n'y a ni liberté ni choix; la vérité est rigoureuse et n'abandonne rien à l'indépendance de l'esprit. Mais du moment que l'on sort des démonstrations et des déductions absolues, il faut, comme le dit Buffon, « pour ceux dont la tête est ferme

« et le sens exquis, il faut des choses, des pensées, des
« raisons; il faut savoir les présenter, les nuancer, les
« ordonner... il faut agir sur l'âme, et toucher le cœur
« en parlant à l'esprit » (Édit. classique annotée par
M. Hémardinquer, page 2).

Dans ce beau langage, Buffon n'a fait que résumer les
règles de l'éloquence communes à l'orateur, au philosophe et au savant. En effet, les méthodes qui servent à
réfuter le faux et à démontrer le vrai n'ont pas changé
depuis Platon et Cicéron. Combien de fois le prédicateur, le publiciste, le philosophe, n'ont-ils pas à dénoncer,
à poursuivre, à détruire les erreurs volontaires et les
sophismes? Dans les agitations des temps modernes,
quand la confusion s'est répandue dans tous les esprits
et que l'âme découragée est tentée de s'écrier avec le
poëte : « Il n'y a plus de juste ni d'injuste » (*fas versum
atque nefas*), n'est-il pas nécessaire de s'habituer à distinguer l'erreur, de s'exercer à la saisir corps à corps, et
à la frapper sous les mille replis où elle s'enveloppe? Le
mensonge est partout à côté de la vérité. Les peintures
plaisantes et naïves de la comédie nous montrent que les
sophismes ne sont pas moins fréquents dans le commerce
ordinaire de la vie que dans les hautes régions des spéculations morales et philosophiques. Or, nous rencon-
trons à chaque pas mille copies des immortels originaux
de Molière, répétant leurs faux raisonnements *comme*
elles reproduisent leurs ridicules. Ne devons-nous donc
pas un peu de reconnaissance à la rhétorique et à la logique, sciences voisines et sœurs, qui nous mettent en
garde contre les illusions et les fantômes créés à chaque
instant par la sottise et la malignité humaines?

Amplification. — Un autre règle de l'art oratoire indispensable à tous les genres littéraires, une autre obli-
gation que les poëtes et les philosophes ont à la rhétorique, c'est de leur apprendre par les exemples, la
théorie et l'exercice, à développer la pensée et à lui

donner toute sa puissance. La vérité trop souvent est faible, si on la réduit à son expression brève et sèche; il faut la redoubler, la ramener sous des formes nouvelles pour la présenter dans tout son jour: c'est ce que l'*amplification* enseigne à tous les écrivains.

Nous ne montrerons pas la nécessité de la conclusion, l'utilité de la *péroraison* hors de l'art oratoire : elles se prouvent assez toutes seules.

Élocution. — Reste une troisième partie de l'art oratoire, que nous n'avons pas traitée encore, et dont les règles intéressent tous les genres littéraires : c'est l'*élocution.* Quand nous en étudierons les caractères et les principes, nous expliquerons à quelles parties de la littérature s'appliquent ces règles de la rhétorique.

On voit que, dans l'art oratoire, il y a peu de règles inutiles, et que beaucoup sont nécessaires à tous les écrivains. Nous n'allons pas jusqu'à prétendre qu'elles soient toutes obligatoires et applicables à tout. Nous savons que, dans les détails de l'ancienne rhétorique, il en est plusieurs dont l'usage est rare, dont l'utilité se réduit à développer les forces de l'intelligence; de même que l'escrime donne au corps, pour toute la vie, la souplesse et la vigueur, sans qu'il soit nécessaire de l'apprendre pour tuer un homme par raison démonstrative, comme faisait le Bourgeois gentilhomme.

Il ne faut pas croire cependant que les lois générales et éternelles du goût et du style ne servent qu'aux écrivains. Elles ont leur utilité dans le travail journalier des affaires et de la vie, comme dans les études de l'écolier et les méditations de l'écrivain. Il peut paraître singulier que, de nos jours, pour écrire une lettre, soutenir une correspondance, rédiger un rapport, il soit bon d'avoir étudié les principes de l'art oratoire. Cependant, on fait tous les jours des arguments, des lieux-communs, des figures, sans le savoir, encore comme le Bourgeois gentilhomme. Pourquoi ne pas nous rendre compte des règles de la pensée et du discours, lorsque nous en faisons un continuel usage? Le style des sciences ou des affaires n'est pas le style des lettres; mais pourquoi bannir des unes et des autres la facilité, l'élégance, la pureté du langage? Pourquoi les condamner à la platitude, sinon à la barbarie? La précision, la propriété, le bonheur des termes sont des qualités où l'étude et l'art ne sont pas indifférents. Le mépris que les hommes d'action, d'affaires, de science, professent aujourd'hui presque tous pour le charme et l'harmonie du langage, paraît d'une sévérité singulière, quand on songe à Descartes, à Pascal, à Bossuet, à Buffon, à Voltaire, à Montesquieu.

Rollin, cet excellent juge en matière d'éducation comme de littérature, après avoir expliqué toutes les beautés de Cicéron et de Démosthène, marque aux jeunes gens le style dont il convient de se servir en faisant un rapport. « Cette partie, dit-il, est d'un usage bien plus fréquent, puisqu'elle embrasse tous les emplois de la robe et qu'elle a lieu dans toutes les cours souveraines ou subalternes, dans toutes les compagnies, dans tous les bureaux et toutes les commissions. Il y a une sorte d'éloquence propre à ce genre de discours, qui consiste, si je ne me trompe, à parler avec clarté et avec élégance. Le but que se propose un rapporteur est d'instruire les juges, ses confrères, de l'affaire sur laquelle ils ont à prononcer avec lui : or, pour le faire avec succès, il faut que la distribution méthodique de la matière qu'il entreprend de traiter, et l'ordre qu'il mettra dans les faits et les preuves, y répandent une si grande netteté, que tous puissent sans peine et sans effort entendre l'affaire qu'on leur rapporte. Tout doit contribuer à cette clarté : les pensées, les expressions, les tours et même la manière de prononcer. J'ai dit qu'à la netteté il fallait joindre quelque agrément, parce que souvent, pour instruire, il faut plaire. Les juges sont hommes comme les autres, et, quoique la vérité et la justice les intéressent par elles-mêmes, il est bon de les y attacher plus fortement encore par quelque attrait et par quelque appât... Cette manière de s'exprimer, qui n'est soutenue ni par le brillant des pensées et des expressions, ni par le pathétique des mouvements, mais qui a un air aisé, simple, naturel, est la seule qui convienne aux rapports, et elle n'est pas si facile qu'on se l'imagine... Il faut s'attacher à bien étudier le premier genre d'éloquence, qui est le simple, en bien prendre le caractère et le goût, et s'en proposer les plus parfaits modèles ; être très-réservé à faire usage du second genre, qui est l'orné et le tempéré, n'en emprunter que quelques traits et quelques agréments avec une sage circonspection, dans des occasions rares ; mais s'interdire très-sévèrement le troisième style, qui est le sublime. Ce que l'on pratique au collége, en rhétorique, surtout en philosophie, peut servir beaucoup aux jeunes gens, pour les former à la manière de bien faire un rapport. » (*Traité des Études*, liv. IV, chap. 1, 1, VI).

Ce n'est pas d'aujourd'hui, comme on voit, que l'Université se propose de tirer une utilité pratique et immédiate des études qu'elle fait faire à la jeunesse. Il y a longtemps qu'elle n'en est plus, comme les maîtres de Juvénal, à chercher dans l'histoire des matières de déclamation.

> *I, demens, et sœvas curre per Alpes*
> *Ut pueris placeas, et declamatio fias.*
>
> Sat. x, 166.

« Va donc, insensé, traverser les rigueurs des Alpes pour plaire aux enfants et leur fournir des devoirs de rhétorique. »

Ainsi les règles de l'art oratoire ne sont pas inutiles dans la pratique des affaires ; à plus forte raison sont-elles nécessaires à l'historien, au savant, au philosophe, au poëte lui-même, au moins en certaines parties, aussi bien qu'à l'orateur.

Au reste, Buffon, dans son *Discours sur le Style*, avait déjà résolu la question qui nous occupe. Salué avec admiration par ses contemporains comme écrivain et comme savant, membre, à ce double titre, de deux académies, il exposait à ses auditeurs les règles générales et universelles de l'éloquence, telles qu'il les comprenait après Platon et Aristote, Cicéron et Tacite, Bossuet et Fénelon. Sa belle définition du style, qu'il appelle *l'ordre et le mouvement qu'on met dans ses pensées*, n'est autre chose que la définition de *l'art oratoire*, dans son application la plus générale et la plus haute. C'est la conscience que le génie a de ses œuvres, de sa puissance, des secrets par lesquels il éclaire et persuade les hommes. Aussi Buffon passe-t-il en revue toutes les règles oratoires communes à tous les genres de discours ou d'écrits : l'ordre d'invention, où le génie trouve et détermine les parties principales et les grandes vues du sujet; où il donne aux idées, par la méditation, la substance et la force : — l'égalité du style et du ton ; — l'unité de la composition et la discrétion dans l'emploi des divisions; — l'ordre de disposition, où se classent, après la réflexion et la comparaison, toutes les pensées essentielles du sujet; — la sévérité pour les traits saillants qui altèrent la vérité, et les idées déliées et brillantes qui énervent le style ; — la répugnance pour la phrase emphatique et vide; — la *bonne foi avec soi-même, qui fait la bienséance pour les autres et la vérité du style* (admirable définition des mœurs oratoires); — le naturel et la vérité du ton, conditions premières et essentielles de la grandeur et du sublime. Après cette magnifique leçon d'éloquence et de rhétorique, Buffon termine en appliquant aux divers genres littéraires les principes qu'il vient de poser. « Le sublime, dit-il, ne peut se trouver que dans les grands sujets. La poésie, l'histoire et la philosophie ont toutes le même objet, et un très-grand objet : l'homme et la nature. La philoso-

phie décrit et dépeint la nature; la poésie la peint et
l'embellit : elle peint aussi les hommes, elle les agrandit, les exagère, elle crée les héros et les dieux ; l'histoire ne peint que l'homme, et le peint tel qu'il est.
Ainsi le ton de l'historien ne deviendra sublime que
quand il fera le portrait des plus grands hommes, quand
il exposera les plus grandes actions, les plus grands
mouvements, les plus grandes révolutions ; partout
ailleurs, il suffira qu'il soit majestueux et grave. Le ton
du philosophe pourra devenir sublime, toutes les fois
qu'il parlera des lois de la nature, des êtres en général,
de l'espace, de la matière, du mouvement et du temps,
de l'âme, de l'esprit humain, des sentiments, des passions; dans le reste, il suffira qu'il soit noble et élevé.
Mais le ton de l'orateur et du poëte, dès que le sujet est
grand, doit toujours être sublime, parce qu'ils sont les
maîtres de joindre à la grandeur de leur sujet, autant
de couleur, autant de mouvement, autant d'illusion qu'il
leur plaît; et que devant toujours peindre et toujours
agrandir les objets, ils doivent aussi partout employer
toute la force et déployer toute l'étendue de leur génie.»
(Édit. class. annotée par M. Hémardinquer, p. 10.)

VII.

*Quelles sont les qualités générales du style, et, parmi
ces qualités, celles qui caractérisent plus particulièrement les chefs-d'œuvre de la prose française.*

Lorsque la *Disposition* a déterminé le dessein et le plan
des idées, il reste à les traduire, ou, comme dit Buffon,
à *les réaliser par l'expression*. Il faut que la pensée
prenne un corps; il faut que le souffle pénètre ces éléments inanimés, et leur donne la couleur, le mouvement
et la vie. C'est la partie de l'art oratoire qu'on appelle

l'*Élocution* ou le *style*, la troisième partie de la Rhétorique.

L'*élocution*, comme son nom l'indique, est la traduction de la pensée par la parole. Le mot *style* a le même sens, avec une nuance de plus. On sait que, chez les anciens, le *style* (*stylus*) était l'instrument qui servait à tracer les mots, signes de la pensée. Il devenait, ce semble, comme la plume, un confident du travail et de l'inspiration, presque un ami pour l'écrivain. Aussi, le nom de style fait-il entendre quelque chose d'original et de vivant qui n'est pas dans l'élocution. Celle-ci est commune à tout le monde; le style appartient à l'écrivain. Tel est le sens du fameux mot de Buffon, que l'on a souvent altéré dans les citations : « Le style est l'homme « même. » Buffon ne veut pas dire que le style reflète, comme un miroir, les qualités et les défauts de l'écrivain; il a lui-même expliqué sa pensée en ajoutant : « La quantité des connaissances, la singularité des faits, « la nouveauté même des découvertes, ne sont pas de « sûrs garants de l'immortalité; si les ouvrages qui les « contiennent ne roulent que sur de petits objets, s'ils « sont écrits sans goût, sans noblesse et sans génie, ils « périront, parce que les connaissances, les faits et les « découvertes s'enlèvent aisément, se transportent, et « gagnent même à être mis en œuvre par des mains plus « habiles. Ces choses sont hors de l'homme : le style est « l'homme même. Le style ne peut donc ni s'enlever, ni « se transporter, ni s'altérer. » (Édit. class. annotée par M. Hémardinquer, p. 9.)

Ce caractère personnel et original du style n'en exclut pas les qualités et les caractères généraux; car le bon sens et le goût le soumettent, comme l'*invention* et la *disposition*, à des règles fixes et universelles. L'originalité, sans doute, ne s'emprunte pas : les secrets des écrivains de génie s'évanouissent, ou tournent en défauts sous la main des imitateurs. Mais, dans le génie même des grands maîtres, il y a des qualités nécessaires à tous les esprits, et où tous peuvent prétendre. Dans le style inimitable de Pascal, de Bossuet, de Mme de Sévigné et de Fénelon, dans celui de Corneille, de Racine, de Molière et de La Fontaine, il est des parties qui peuvent servir à l'usage même ordinaire de la vie aussi bien qu'à la plus sublime éloquence. C'est par là que le commerce de ces sublimes génies forme notre langage, par le choix excellent des termes, comme il élève l'âme, l'éclaire et la fortifie par la beauté des pensées et des sentiments. C'est par là que ces maîtres immortels descendent jusqu'à l'éducation des plus humbles et des plus obscurs, et leur enseignent la parfaite justesse de l'idée et du langage. Ajoutons, d'ailleurs, qu'il y a des originalités plus humaines et des génies moins désespérants : Massillon, par exemple. C'est donc l'étude des uns et des autres qui nous apprend les qualités générales et éternelles du style.

1° *Clarté.* — La première est la clarté, plus facile peut-être à définir par ses contraires que directement. Elle consiste à ne laisser aucun doute, aucune hésitation sur le sens de la pensée, à la faire entendre tout de suite, sans équivoque et sans embarras.

La clarté de la pensée fait celle du style. Sauf certaines matières de théologie, de métaphysique, de science pure, où les profanes ne pénètrent pas, la vérité doit être claire pour tous. Autrement, si l'écrivain n'est pas compris, c'est en général parce qu'il ne se comprend pas lui-même.

> Avant donc que d'écrire, apprenez à penser.
> Selon que notre idée est plus ou moins obscure,
> L'expression la suit, ou plus nette ou plus pure.
> Ce que l'on conçoit bien s'énonce clairement,
> Et les mots, pour le dire, arrivent aisément.

BOILEAU, *Art poétique*, I, v. 153, p. 195 de l'édit. classique.

L'obscurité est cependant un défaut que les plus

grands et les meilleurs maîtres n'ont pas toujours évité. Tantôt la pensée est incomplète et embarrassée. Corneille fait dire à Rodogune que les princesses ne se marient pas à leur gré :

> Le destin des États est arbitre du leur,
> Et l'ordre des traités règle tout dans leur cœur.
> C'est lui que suit le mien, et non pas la couronne :
> J'aimerai l'un de vous, parce qu'il me l'ordonne ;
> Du secret révélé j'en prendrai le pouvoir,
> Et mon amour pour naître attendra mon devoir.
>
> *Rodogune*, acte III, sc. IV.

Tantôt l'expression est recherchée et contournée :

> Son éloquence accorte, enchaînant avec grâce
> L'excuse du silence à celle de l'audace,
> En termes trop choisis accusait le respect
> D'avoir tant retardé cet hommage suspect.
>
> CORNEILLE, *Othon*, acte II, sc. I.

On trouve aussi des constructions défectueuses. Alexandre dit en parlant de Porus.

> Et voyant de son bras voler partout l'effroi,
> L'Inde sembla m'ouvrir un champ digne de moi.

Dans la phrase, c'est l'Inde qui voit voler l'effroi du bras de Porus ; dans la pensée du poëte, c'est Alexandre.

Au reste, ces taches sont rares chez les grands écrivains, car le génie ne s'accommode pas de l'obscurité. A voir la clarté et la netteté admirable de tous nos classiques, la limpidité et la transparence de quelques privilégiés, il semble que tous auraient eu devant les yeux ces excellents conseils de La Bruyère, conseils aussi utiles aux écoliers et aux hommes du monde qu'aux orateurs et aux écrivans :

« Tout écrivain, pour écrire nettement, doit se mettre « à la place de ses lecteurs, examiner son propre ouvrage

« comme quelque chose qui lui est nouveau, qu'il lit
« pour la première fois, où il n'a nulle part, et que
« l'auteur aurait soumis à sa critique, et se persuader
« ensuite qu'on n'est pas entendu seulement à cause que
« l'on s'entend soi-même, mais parce qu'on est en effet
« intelligible. » (Chap. I, *Des ouvrages de l'esprit*, p. 36
de l'édit. class., annotée par M. Hémardinquer.)

Notre siècle, cependant, a vu s'altérer cette clarté
précieuse qui faisait la gloire de la langue française.
Une influence étrangère a changé le sens des mots pour
les plier aux mensonges des intérêts et des passions. Le
sophisme a transporté les termes des idées qu'ils expri-
maient aux idées contraires, donné aux vices les noms
des vertus, et appliqué au faux les signes du vrai. C'est
la faute que Caton reprochait aux Romains, d'avoir,
dans la confusion des idées et des affaires, dénaturé les
vrais noms des choses : « *Jampridem equidem nos vera*
« *rerum vocabula amisimus.* » (SALL., *Catilina*, c. LII.)
Une autre influence, pour n'être que littéraire, n'en
a pas été moins funeste à la clarté du langage et du
style. La recherche des images neuves, l'affectation de
la science, les rêveries vagues et vaporeuses des littératures étrangères, qui ne les préservent ni de l'emphase,
ni du mauvais goût, ont dénaturé, dans la littérature
de XIXᵉ siècle, cette exquise clarté de nos bons et grands
écrivains. Il faut que l'éducation y ramène les jeunes
gens par l'étude sérieuse des vrais modèles.

A la *clarté* se peuvent rattacher d'autres qualités générales du style qui lui sont nécessaires, ou qui ne peuvent
se passer d'elle.

2° *Propriété*. — La *Propriété* est une condition de la
clarté. On entend par là le rapport parfait du mot et de
la pensée.

« Parmi toutes les différentes expressions qui peuvent

« rendre une seule de nos pensées, il n'y en a qu'une
« qui soit la bonne : on ne la rencontre pas toujours
« en parlant ou en écrivant. Il est vrai néanmoins qu'elle
« existe, que tout ce qui ne l'est point est faible, et ne
« satisfait point un homme d'esprit qui veut se faire
« entendre. » (LA BRUYÈRE, *Des ouvrages de l'esprit*,
édit. class., annotée par M. Hemardinquer, p. 12.) C'est
en ce sens qu'il n'y a pas de termes entièrement synonymes. Chaque idée, en effet, a un signe *propre* et
particulier qui ne se peut changer. Rousseau, dans l'*Ode
à la fortune*, a sacrifié la *propriété* du mot à l'harmonie
du vers :

> L'inexpérience indocile
> Du *compagnon* de Paul-Émile
> Fit tout le succès d'Annibal.

> Édit. class. annotée par M. Manuel, p. 119.

Le mot propre était *collègue*.

Au surplus, la *propriété* des mots se rattache à la
justesse des pensées, c'est-à-dire au rapport parfait des
pensées avec les règles éternelles du devoir et du goût.

3° *Précision*. — La *Précision* n'est pas une consé-
quence de la *clarté*, car on peut être clair et diffus ;
mais c'est une qualité qui ne peut se passer de la clarté,
et qui n'existe que par elle.

La *Précision* consiste à dire ce qu'il faut, et rien que
ce qu'il faut, dans la juste mesure, sans longueur et sans
insuffisance. Cette qualité est commune aux bons comme
aux grands écrivains.

On peut, comme pour la clarté, la faire connaître
par ses contraires, la diffusion et le pléonasme. Dans
les Plaideurs, le verbiage de l'Intimé est une excellente
leçon de précision :

> Aristote, primo, *peri Politicon*,
> Dit fort bien : — Avocat, il s'agit d'un chapon,
> Et non point d'Aristote et de sa politique, etc.

> RACINE, *les Plaideurs*, acte II, sc. III.

Il est arrivé à Corneille de manquer à la *précision* par excès et par surabondance, comme les tragiques grecs :

> Trois sceptres, à son trône attachés par mon bras,
> Parleront au lieu d'elle et ne se tairont pas.
>
> *Nicomède*, acte I, sc. I, édit. annotée par M. Naudet, p. 33.

Concision. — Il faut se garder de confondre la *précision* et la *concision*. Celle-ci consiste à employer le moins de mots possible pour rendre la pensée. Corneille est plein de traits d'une concision sublime. On n'a que l'embarras du choix :

> L'amour n'est qu'un plaisir, l'honneur est un devoir.
>
> *Le Cid*, acte II, sc. VI.

> Ne soyez l'un ni l'autre. — Et que dois-je être? — Roi.
>
> *Nicomède*, acte IV, sc. III, *ibid.*, p. 112.

> Mes ordres n'ont encore assassiné personne.
>
> *Sertorius*, acte III, sc. II.

Bossuet, dans la même qualité, est plus prodigieux encore que Corneille.

Tacite n'a rien au-dessus du portrait de Cromwell, portrait égal à ce que l'antiquité a de plus beau : « Un « homme s'est rencontré d'une profondeur d'esprit « incroyable, hypocrite raffiné autant qu'habile poli- « tique, etc. » (Page 27 de l'édit. class.) On pourrait multiplier les exemples à l'infini. Toute la première partie du *Discours sur l'Histoire universelle* est un mo- dèle de concision claire et énergique : « Valentinien mou- « rut après un discours violent qu'il fit aux ennemis de « l'Empire : son impétueuse colère, qui le faisait redou- « ter des autres, lui fut fatale à lui-même. » (Édit. class., annotée par M. Delachapelle, p. 88.) *Voy.* aussi, dans l'édit. class. des *Oraisons funèbres de Fléchier*, les notes sur l'*Histoire de Théodose*, p. 325 et suiv.)

Un beau travail, où l'on peut comparer la concision de détail d'un homme d'esprit, qui vise au trait et à l'effet, à la concision profonde et puissante d'un homme de génie, c'est d'étudier ensemble *la Grandeur et la décadence des Romains*, par Montesquieu, et le chapitre sur les Romains, dans la troisième partie du *Discours sur l'Histoire universelle*. Le livre de Montesquieu est tout entier dans dix pages de Bossuet.

Il ne faut cependant pas que ces autorités et ces exemples nous fassent exagérer les avantages de la concision. Ce n'est pas une qualité générale du style; car elle n'est pas nécessaire, et quelquefois même elle devient un défaut.

Boileau, à propos de Perse, exprime le caractère et le danger de la concision, dans des vers d'une concision excellente :

> Perse, en ses vers obscurs, mais serrés et pressants,
> Affecta d'enfermer moins de mots que de sens.

Art poétique, II, v. 155, p. 212 de l'édit. class. de M. J. Travers.

Tel est aussi le défaut de Tacite, malgré son génie. Un autre inconvénient de la concision, est de rendre le style monotone, celui de Sénèque, par exemple.

La *Correction* et la *Pureté* sont des qualités d'un autre ordre, qui appartiennent à l'expression; mais elles ne sont pas moins nécessaires à l'écrivain.

4° La *Correction* est l'observation des règles de la grammaire :

> Mon esprit n'admet point un pompeux barbarisme,
> Ni d'un vers ampoulé l'orgueilleux solécisme;
> Sans la langue, en un mot, l'auteur le plus divin,
> Est toujours, quoi qu'il fasse, un méchant écrivain.

BOILEAU, *Art poétique*, I, v. 159, p. 196.

Nos contemporains, si riches en fautes de cette nature, en ont peut-être l'orgueil; mais ils n'ont pas l'excuse de la pompe, ni de l'éclat du style. Malherbe pouvait au moins alléguer ce mérite pour justifier ces vers contre les rebelles Rochelois :

> Les sceptres, devant eux, n'ont point de priviléges;
> Les immortels *eux-même* en sont persécutés.
>
> *Œuvres lyriques* de J.-B. ROUSSEAU, édit. class. annotée
> par M. Manuel, p. 334, note 6.

Voltaire est bien plus inexcusable d'avoir écrit dans sa tragédie de *Marianne :*

> Et du moins à demi mon bras vous a *vengé*.

C'est Varus ou Sohême qui parle à Marianne d'elle-même. Il fallait *vengée*.

On trouve dans *Bajazet* cette construction tout à fait incorrecte.

> J'irai, bien plus content et de vous et de moi,
> Détromper son amour d'une feinte forcée,
> Que je n'allais tantôt déguiser ma pensée.
>
> Acte III, sc. IV.

Il ne faut pas oublier pourtant que la syntaxe était plus libre au xviiᵉ siècle que de nos jours, et des tours usités à cette époque ne sont devenus des solécismes qu'au xviiiᵉ siècle, ou peut-être avant les dernières années de Louis XIV. Bossuet écrivait : « *C'est*, et non *ce sont* des « péchés légers. » (*Oraison funèbre de Marie-Thérèse*, p. 127, note 7.) On lit dans l'*Oraison funèbre de Condé :* « «Merci ne les peut défendre, et ne paraît plus devant son « vainqueur; il faut qu'il tombe à ses pieds : Norlingue « *en* verra la chute. » (Page 307.) Corneille et Racine même emploient également le pronom *en* pour désigner un nom de personne.

> Il connaît Nicomède; il connaît sa marâtre,
> Il *en* sait, il *en* voit la haine opiniâtre.
>
> *Nicomède*, acte III, sc. III.

> Je vous nommai son gendre, et vous donnai sa fille.
> Silanus, qui l'aimait, *s'en* vit abandonné.
>
> *Britannicus*, acte IV, sc. II.

La Fontaine, en retard sur la grammaire de son époque, fait constamment accorder le participe présent

avec un sujet au pluriel ; sur l'autorité des poëtes du
xvie siècle.

> Presque rien, dit le chien ; donner la chasse aux gens
> *Portants* bâtons et mendiants.
>
> *Livre I*, fable v.

> N'étant pas de ces rats qui, les livres *rongeants*,
> Se font savants jusques aux dents.
>
> *Livre VIII*, fable ix.

Nous pourrions multiplier ces exemples d'archaïsmes.
Il faut les respecter dans les grands maîtres, et ne les
pas blâmer légèrement : ce sont des locutions d'une
langue qui n'est pas encore fixée, et qui conserve des
traces nombreuses de son origine toute latine ; mais il ne
faut pas s'autoriser de ces exemples pour être incorrect
en imitant ce qui n'est plus en usage.

Quand ces archaïsmes ne sont pas des fautes de grammaire, ils ont encore, si on les recherche, l'inconvénient
d'altérer la *pureté* du style, qualité analogue à la correction, mais qui cependant doit en être distinguée.

5° *Pureté.* — La *Pureté* du style est l'attention à
n'employer que les termes consacrés à la fois par l'autorité des maîtres et l'usage de la langue.

On sent ici combien la mesure est délicate et la limite
difficile à fixer ; car l'usage est singulièrement capricieux
et mobile, et l'autorité des exemples n'exclut pas toujours le doute et la discussion. Du moins faut-il recommander une discrétion scrupuleuse dans l'emploi des
termes vieillis, et à bien plus forte raison dans l'emploi
des locutions nouvelles, empruntées, comme on le fait
si souvent de nos jours, aux langues spéciales et techniques des arts et des sciences. Il faut recommander
surtout l'horreur du néologisme, et l'habileté dans la
création d'un terme nouveau, si, chose bien rare, il
devient nécessaire.

Fénelon, esprit excellent, mais trop amoureux des
chimères, comme l'en accusait Louis XIV, enviait aux

Grecs et aux Latins leur facilité à composer les mots,
aux Anglais la liberté de leurs emprunts et de leurs usur-
pations [1]. L'expérience a prouvé le danger et l'erreur
de ce système. Fénelon est innocent, dans son admirable style, des hardiesses malheureuses de nos jours;
mais Buffon, avec son génie et son beau langage,
n'échappe pas au reproche d'avoir trop emprunté, pour
enrichir la langue et le style, à l'industrie et à la
science.

Le *naturel* et la *noblesse* sont des qualités générales
du style qui relèvent à la fois de la pensée et de l'expression.

6° *Naturel.* — Le *naturel* est difficile à définir par sa
simplicité même. Il consiste dans le rapport parfait des
pensées et des sentiments, des images et des mots avec
la réalité. C'est la reproduction exacte et aisée de la vérité, sans apprêt, sans recherche, sans travail apparent.

Le naturel n'est donc autre chose que la vérité générale, universelle, impérissable. Il fait passer dans la
poésie et dans l'éloquence les pensées et les passions
humaines avec toute leur pureté native. Il leur donne
un air si simple, si facile, si familier, que tout homme
est tenté de se dire : « Voilà ma pensée; j'en allais dire
« autant. » Ce n'est plus Bossuet ou Fénelon, Corneille
ou Racine, Molière ou La Fontaine qui parlent, c'est
l'homme même.

Tous les grands et tous les bons écrivains sont naturels. L'effort et l'exagération, les jeux de mots, l'abus
de l'esprit, la recherche de l'éclat ou de la finesse sont,
à part quelques oublis des maîtres, ou quelques con-
cessions faites au goût du siècle, le talent et le défaut
des esprits médiocres.

---

[1] *Lettre sur les occupations de l'Académie*, § III, p. 6 et suiv.
de l'édition classique annotée par M. Despois. *Voyez* tout le chapitre
et les notes.

> Ce style figuré, dont on fait vanité,
> Sort du bon caractère et de la vérité ;
> Ce n'est que jeux de mots, qu'affectation pure,
> Et ce n'est point ainsi que parle la nature.

MOLIÈRE, le Misanthrope, acte I, sc. II.

Il ne faut pas croire cependant que le naturel exclue l'art, c'est-à-dire la conscience que le génie a de lui-même, et la méditation qui règle les inspirations de la nature. On sait quel travail coûtait à Virgile et à Racine la langue la plus vraie, la plus aisée, la plus coulante que jamais poëte ait parlée. Leur histoire est celle de tous les grands écrivains. Souvent même, c'est à force de patience et de réflexion que l'écrivain arrive à ce degré de naturel et de simplicité parfaite qui est une condition essentielle du beau. Mais le travail s'efface et se cache ; la réflexion disparaît, et ne laisse voir que l'œuvre de l'écrivain, du poëte ou de l'artiste : « L'art, « dit Fénelon, se discrédite lui-même ; il se trahit en se « montrant. »

On voit que l'art véritable est l'auxiliaire du naturel, bien loin d'en être l'ennemi ; au contraire, il en règle l'expression et la peinture. Il condamne et proscrit ce naturel faux et menteur, qui affecte les images, les descriptions puériles ou basses, plates et triviales. C'est à la science seulement qu'il convient de décrire la nature tout entière, dans sa laideur comme dans sa beauté.

Un fait à remarquer dans l'étude des lettres, c'est que le naturel est plus rare dans la plaisanterie que dans le sublime : « L'art de dire de petites choses devient « peut-être, dit Buffon, plus difficile que celui d'en dire « de grandes. » La raison en est aisée à comprendre : c'est que l'enthousiasme, la colère, la haine, la douleur surtout, sont universelles ; tous les hommes et tous les peuples les éprouvent et les comprennent. Au contraire, la plaisanterie, la gaieté, le badinage, sont l'effet d'un tour particulier de l'esprit, et demandent encore, pour être compris et goûtés, une disposition d'esprit analogue. Aussi la comédie est-elle, de tous les genres littéraires, le plus difficile à traduire.

Au *naturel* se rattache une qualité particulière de l'esprit et du style, la plus rare de toutes peut-être, mais la plus séduisante et la plus aimable : c'est la *naïveté*.

Plus difficile à définir que le *naturel*, elle en est la forme la plus accomplie et la plus inimitable. On peut, à force de bon sens et d'attention à veiller sur soi-même, devenir simple, naturel, aisé même dans le style comme dans les manières ; on ne devient pas naïf. La *naïveté* n'est autre chose que l'ingénuité, la candeur, la bonne foi, l'ignorance complète de soi-même, sans puérilité ni platitude. C'est par là que La Fontaine se distingue entre les plus grands poëtes ; il est le seul peut-être qui, dans un génie sublime, ait toujours eu la naïveté d'un enfant.

7° *Noblesse.* — La *Noblesse*, comme le *naturel*, dépend à la fois de la pensée et du style. Elle exclut les idées basses et repoussantes, les locutions grossières et triviales. Boileau dit, dans son *Art Poétique* (chant 1, v. 79) :

> Quoi que vous écriviez, évitez la bassesse :
> Le style le moins noble a pourtant sa noblesse.

L'art, en effet, se dégrade et s'avilit par l'imitation complaisante des objets rebutants : il s'amoindrit et s'abaisse par la recherche de la familiarité commune et puérile. La simplicité, le naturel, la naïveté, la familiarité digne et décente ne sont pas la bassesse et la trivialité. Le goût, la délicatesse, le sentiment exquis des convenances empêchent de s'y méprendre, quoique la limite ne soit pas toujours aisée à déterminer.

Dans l'*Oraison funèbre de la princesse Palatine*, modèle d'esprit aussi bien que de génie, Bossuet raconte

à un auditoire curieux, disposé peut-être à sourire d'un
récit familier et populaire, les rêves et les songes d'une
malade : « Dieu, dit-il, qui fait entendre ses vérités en
« telle manière et sous telles figures qu'il lui plaît, con-
« tinua de l'instruire, comme il a fait Joseph et Salo-
« mon; et, durant l'assoupissement que l'accablement
« lui causa, il lui mit dans l'esprit cette parabole si sem-
« blable à celle de l'Évangile. Elle voit paraître ce que
« Jésus-Christ n'a pas dédaigné de nous donner comme
« l'image de sa tendresse, une poule devenue mère,
« empressée autour des petits qu'elle conduisait. » (Édit.
class., p. 192 et 193, note 4.)

Racine excelle à rendre avec élégance les détails les
plus familiers, sans affectation ni obscurité. Phèdre se
plaint de sa parure et des soins dont on l'assiége.

> Quelle importune main, en formant tous ces nœuds,
> A pris soin sur mon front d'assembler mes cheveux.

Œnone reproche à sa maîtresse de se laisser mourir
de faim.

> Les ombres par trois fois ont obscurci les cieux
> Depuis que le sommeil n'est entré dans vos yeux,
> Et le jour a trois fois chassé la nuit obscure
> Depuis que votre corps languit sans nourriture.
>
> *Phèdre*, acte I, sc. III.

Monime accuse son diadème de n'avoir pu l'aider à
mourir :

> Et toi, fatal tissu, malheureux diadème,
> Instrument et témoin de toutes mes douleurs,
> Bandeau que mille fois j'ai trempé de mes pleurs,
> Au moins, en terminant ma vie et mon supplice,
> Ne pouvais-tu me rendre un funeste service?
>
> *Mithridate*, acte V, sc. I.

Cependant, la noblesse du style est relative, et varie
selon les genres et les sujets. Elle a, comme le ton, des
nuances infinies, depuis les enseignements sublimes de

la chaire jusqu'aux attaques passionnées et personnelles du barreau, depuis les accents inspirés de l'ode jusqu'aux méchancetés de la satire, depuis les peintures pathétiques et terribles de la tragédie jusqu'à la gaieté familière et naïve de la comédie. Et, dans la comédie même, que de nuances depuis *le Misanthrope* jusqu'au *Bourgeois gentilhomme?* Mais il y a dans la gaieté, et même dans la bouffonnerie, une sorte de noblesse dont ne s'écartent jamais l'honnête homme ni l'écrivain.

Il ne faut pas cependant que la noblesse et la dignité tournent à l'emphase ou bien à la fausse élégance. Fénelon se plaint, avec raison, des scrupules exagérés qui rendraient incompatibles la noblesse du style et la vérité. Ses conseils s'adressent surtout aux prédicateurs; mais les écrivains et les hommes du monde peuvent en profiter. Il est vrai que nous nous sommes singulièrement corrigés du défaut qu'il blâme; car on abuse plus aujourd'hui du mot propre que du synonyme ou de la périphrase. « On a, dit-il, tant de peur dans notre na- « tion d'être bas, qu'on est d'ordinaire sec et vague dans « les expressions... Nous avons là-dessus une fausse poli- « tesse, semblable à celle de certains provinciaux qui se « piquent de bel-esprit; ils n'osent rien dire qui ne leur « paraisse exquis et relevé; ils sont toujours guindés, « et croiraient se trop abaisser en nommant les choses « par leurs noms. Tout entre dans les sujets que l'élo- « quence doit traiter. La poésie même, qui est le genre « le plus sublime, ne réussit qu'en peignant les choses « avec toutes leurs circonstances... La véritable élo- « quence n'a rien d'enflé ni d'ambitieux; elle se modèr « et se proportionne aux sujets qu'elle traite et aux gens « qu'elle instruit; elle n'est grande et sublime que quand « il faut l'être. » (*Dialog. sur l'Éloquence*, édit. classiq. annotée par M. Despois, pages 213 et 214.)

8° *Harmonie.* — La dernière des qualités générales du style, celle qui couronne les autres, c'est l'*harmonie*, c'est-à-dire l'accord flatteur, la succession facile et agréable des sons.

« Il y a dans l'homme, dit Rollin, un goût naturel qui le rend sensible au nombre et à la cadence; et, pour introduire dans les langues cette espèce d'harmonie et de concert, il n'a fallu que consulter la nature, qu'étudier le génie de ces langues, que sonder et interroger, pour ainsi dire, les oreilles, que Cicéron appelle avec raison un juge fier et dédaigneux (*Orat.*, 150).

« En effet, quelque belle que soit une pensée en elle-même, si les mots qui l'expriment sont mal arrangés, la délicatesse de l'oreille en est choquée. Une composition dure et rude la blesse, au lieu qu'elle est agréablement flattée de celle qui est douce et coulante.

« Comme la qualité et la mesure des mots ne dépendent point de l'orateur, et qu'il les trouve, pour ainsi dire, tout taillés, son habileté consiste à les mettre dans un tel ordre, et à les arranger ensemble de telle sorte que leur concours et leur union, sans laisser aucun vide ni causer aucune rudesse, rendent le discours doux, coulant, agréable. Et il n'est point de mots, quelque durs qu'ils paraissent par eux-mêmes, qui, placés à propos par une main habile, ne puissent contribuer à l'harmonie du discours, comme dans un bâtiment les pierres les plus brutes et les plus irrégulières y trouvent leur place. » (*Traité des Études*, liv. III, ch. III, § IV.)

On voit qu'il y a plusieurs sortes d'harmonie; celle des mots, qui est pour ainsi dire négative, et qui proscrit les consonnances dures et choquantes; celle des phrases, qui dispose et met en ordre toutes les parties de la pensée; enfin, l'harmonie imitative, qui exprime par le son des mots la nature des objets ou les impressions qu'ils produisent.

Harmonie des mots. — Boileau la dépeint en vers excellents, où l'exemple s'allie au précepte :

Il est un heureux choix de mots harmonieux;
Fuyez des mauvais sons le concours odieux.
Le vers le mieux rempli, la plus noble pensée
Ne peut plaire à l'esprit, quand l'oreille est blessée.
>(*Art Poétique*, i, vers 109, page 190 et 191
>de l'édition classique.)

Bossuet, dans le mouvement de son éloquence, néglige parfois cette règle : « Alors qu'avons-nous vu ? *qu'avons-nous ouï ?* » (*Or. fun. de Henriette d'Angleterre*, page 82 de l'édit. classiq.).

« *Et est-il homme*, Messieurs, qui soit plus aisé à « mener bien loin *qu'un qui* espère, parce qu'il aide lui-« même à se tromper? » (*Sermon sur l'Impénitence finale*, 2ᵉ partie.)

Voici quelques vers de Chapelain :

De son throsne d'azur la majesté divine
En cet auguste estat contemplant l'héroïne,
D'une œillade parlante, où c'est ouïr que voir,
Au chef des Séraphins explique son pouvoir.
>Livre III.

D'une mortelle peine à ce mot oppressée,
Elle sent sur son cœur sa plainte repoussée;
Dans sa gorge à sa voix elle sent un retien,
Et, pour vouloir trop dire, elle ne dit plus rien.
>Livre IV.

Le fruit qui de son or couronne chaque plante,
Esprouve la rigueur de la gresle bruyante :
Chacun tombe à l'entour, de plus d'un coup atteint,
Et la terre à regret s'en tapisse et s'en peint.
>Ibid.

Là se suspend son âme, et ne sçait que résoudre.
>Livre VI.

L'horreur, comme en son antre, en cette grotte habite.
>Livre VII.

Il court, sans but certain, aux brigades pressantes,
Partout les fait tomber sous son terrible choq,
Et semble sous les traits un immobile roc.
>Livre X.

Ce cerf, depuis un siècle, en ces provinces erre.
Livre V.

Sur un fond de lys blanc une vermeille rose.
Ibid.

(Portrait d'Agnès Sorel) L'inexprimable grâce
Qui, dans ce bel amas, ses beaux rayons semant,
En rend beau l'assemblage, et le lustre charmant.
Ibid. (Édition d'Augustin Courbé; Paris, 1656.)

Harmonie des phrases. — PÉRIODE. — L'harmonie des phrases est plus importante que celle des mots; car souvent son absence nuit à l'unité, à la force, à l'agrément de la pensée.

L'élément primitif et essentiel de la pensée est la *proposition*, c'est-à-dire l'énonciation d'un fait ou d'un jugement. Bossuet dit de Joram : « La main de Dieu fut « sur lui; son règne fut court et sa mort fut affreuse. » (*Disc. sur l'Hist. Universelle*, Ire partie, IIe époque.)

Ainsi parlent Polyeucte et Néarque :

J'abhorre les faux dieux. — Et moi, je les déteste.
Je tiens leur culte impie. — Et je le tiens funeste.
Polyeucte, acte II, scène VI.

Mais cette extrême simplicité de forme, ce rapport presque invariable des trois termes, sujet, verbe, attribut, dans une construction uniforme, sont loin de suffire aux développements et aux transformations infinis de la pensée et du sentiment. De la nécessité d'y suffire est née la phrase complexe et soutenue qu'on appelle *période*.

Aristote définit la *période :* « Une phrase qui a un « commencement et une fin par elle-même, et une éten- « due facile à embrasser » (*Rhét.*, III), c'est-à-dire qu'elle exprime un mouvement de la pensée, depuis son point de départ jusqu'à son terme, avec exorde, déve- loppement et péroraison [1]; elle prépare l'impression, la

---

1. Voyez le beau travail de M. Havet sur *la Rhétorique d'Aristote*. Nous avons emprunté ces détails à notre ancien maître.

fortifié et la conserve. Elle nous plaît; « car il nous
« semble que nous tenons quelque chose, quand nous
« avons déterminé des limites, et au contraire l'indéfini
« nous rebute en fuyant toujours. » *Rhét.*, III, IX.

Les Latins désignaient également la période par un
mot heureux, *ambitus*, *circuitus orationis*, expression
fidèle du fait, et traduction du mot grec περίοδος. La période en effet développe la pensée, l'expose dans tout son
jour, sous toutes ses faces, par des idées accessoires qui
en représentent tous les détails dans le cadre d'une seule
et même phrase.

Lorsque Bossuet résume le caractère d'Antonin et de
Marc-Aurèle, la comparaison des deux princes, en déve-
loppant la pensée, amène la forme périodique : « Le
« père, toujours en paix, est toujours prêt dans le be-
« soin à faire la guerre; le fils est toujours en guerre,
« toujours prêt à donner la paix à ses ennemis et à l'em-
« pire. » (*Disc. sur l'Hist. Universelle*, Ire partie,
X^e époque.)

Mithridate peint les Romains enrichis par la guerre :

> Des biens des nations ravisseurs altérés,
> Le bruit de nos trésors les a tous attirés :
> Ils y courent en foule, et, jaloux l'un de l'autre,
> Désertent leur pays pour inonder le nôtre.
>
> *Mithridate*, acte III, scène I.

Dans la période oratoire et dans la période poétique,
les idées accessoires s'enchaînent, et leur liaison appelle
la cadence. L'attention se fatiguerait avec l'oreille à
suivre le fil d'idées heurtées ou rattachées péniblement;
une phrase souple et nombreuse soutient, charme et
entraîne l'une et l'autre.

On a cité mille fois les magnifiques périodes qui ou-
vrent l'*Oraison funèbre de Henriette de France* (page 3
de l'édit. classiq.). Bossuet en offre bien d'autres modèles; nous prenons au hasard : « Pendant que les or-
« gueilleux seront confondus, vous, fidèles, qui tremblez

« à sa parole, en quelque endroit que vous soyez de cet
« auditoire, peu connus des hommes et connus de Dieu,
« vous commencerez à lever la tête. » (*Or. fun. d'Anne
de Gonzague*, ibid., 210.)

A quoi se réduit cette belle période? A deux propositions : *Les superbes seront confondus, les humbles relevés.*
Les quatre idées accessoires dans lesquelles se développe
la seconde s'appellent les *membres* de la période. On
comprend quelle puissance ajoute à la pensée le nombre
qui en réunit les membres dans des proportions harmonieuses comme celles des membres ou des traits humains.

Les membres de la période augmentent ou diminuent
de nombre selon l'étendue de la pensée et la force de
l'attention. La période la plus simple n'a que deux
membres.

« Que ne doit-on pas craindre de ses vices, — si les
« bonnes qualités sont si dangereuses? » (*Or. fun. de
Henriette d'Angleterre*, p. 86.)

Voici la période à trois membres : « De quels yeux
« regardèrent-ils le jeune prince, — dont la victoire avait
« relevé la haute contenance, — à qui la clémence ajou-
« tait encore de nouvelles grâces? » (*Or. fun. de Louis
de Bourbon*, ibid., p. 302.)

A quatre : « Le plus parfait de tous (les anges), —
« qui avait été le plus superbe, — se trouva le plus mal-
« faisant — comme le plus malheureux. » (*Disc. sur
l'Hist. Universelle*, IIe partie, chap. Ier.)

A cinq : « Loin du commerce des affaires — et de la
« société des hommes, — les âmes sans force — aussi
« bien que sans foi, — qui ne savent pas retenir leur langue
« indiscrète ! » (*Or. fun. de Henriette d'Angleterre*, ibid.,
p. 58.)

A six : « Restait cette redoutable infanterie de l'armée
« d'Espagne, — dont les gros bataillons serrés, — sem-
« blables à autant de tours, — mais à des tours qui sau-

« raient réparer leurs brèches, — demeuraient inébran-
« lables au milieu de tout le reste en déroute, — et
« lançaient des feux de toutes parts. » (*Or. fun. de Louis
de Bourbon*, ibid., p. 301.)

A sept : « Nous nous sommes plaints que la mort, —
« ennemie des fruits que nous promettait la princesse,
« — les a ravagés dans la fleur, — qu'elle a effacé, pour
« ainsi dire, sous le pinceau même, — un tableau qui
« s'avançait à la perfection avec une incroyable diligence,
« — dont les premiers traits, dont le seul dessein —
« montrait déjà tant de grandeur. » (*Or. fun. de Henriette d'Angleterre*, ibid., p. 83.)

Au delà de ces amples périodes, qui satisfont si bien
l'esprit et l'oreille, il n'y a plus guère que la grande
période par énumération, employée plus rarement par
les maîtres, mais avec un singulier bonheur. Il faut étudier l'exorde de l'*Or. fun. de Henriette de France*, le
tableau de cette vie qui réunit *toutes les extrémités des
choses humaines* (ibid., p. 5); dans Massillon, celui de
la mort du pécheur ou de l'ambition des rois (*Petit Carême*, édit. classiq., p. 35 et 37); dans La Bruyère, l'a-
postrophe à Zénobie (édit. classiq., p. 150), etc. En voici
des exemples moins connus : « C'est sans doute un grand
« spectacle de voir l'Église chrétienne figurée dans les
« anciens Israélites, la voir, dis-je, sortie de l'Égypte et
« des ténèbres de l'idolâtrie, cherchant la terre promise
« à travers un désert immense, où elle ne trouve que
« d'affreux rochers et des sables brûlants ; nulle terre,
« nulle culture, nul fruit ; une sécheresse effroyable ; nul
« pain qu'il ne lui faille envoyer du ciel ; nul rafraîchis-
« sement qu'il ne lui faille tirer par miracle du sein
« d'une roche ; toute la nature stérile pour elle, et au-
« cun bien que par grâce ; mais ce n'est pas ce qu'elle
« a de plus surprenant. Dans l'horreur de cette vaste
« solitude, on la voit environnée d'ennemis ; ne mar-
« chant jamais qu'en bataille ; ne logeant que sous des

« tentes; toujours prête à déloger et à combattre ! étran-
« gère que rien n'attache, que rien ne contente; qui
« regarde tout en passant sans vouloir jamais s'arrêter :
« heureuse néanmoins dans cet état, tant à cause des
« consolations qu'elle reçoit durant le voyage, qu'à cause
« du glorieux et immuable repos qui sera la fin de sa
« course, voilà l'image de l'Église pendant qu'elle voyage
« sur la terre. » (*Exorde du Sermon sur l'Unité de l'Église.*)

Nous avons emprunté à dessein tous nos exemples à Bossuet, pour mettre la Rhétorique sérieuse et féconde sous l'autorité de l'homme qui a le plus sévèrement condamné la Rhétorique artificielle des phrases et des syllabes symétriques. Aujourd'hui qu'on affecte de mépriser la grâce et l'élégance du langage, il serait peut-être facile de récuser l'autorité des poëtes, ou celle de Fléchier et de Massillon, artistes trop habiles pour les hommes qui n'ont pas le temps d'étudier et de lire. Bossuet, qui loue saint Paul « d'ignorer la rhétorique « et de mépriser la philosophie », qui le montre, « cet « ignorant dans l'art de bien dire, avec cette locution « rude, avec cette phrase qui sent l'étranger, allant « dans cette Grèce polie, la mère des philosophes et « des orateurs » [1], Bossuet, par les merveilleuses habi-letés de son style, autorise et justifie la Rhétorique sé-rieuse, celle qui tend au vrai, au solide et au grand.

L'harmonie de la phrase n'est pas toute dans la période. Le style constamment périodique deviendrait monotone. Cette forme flexible et brillante convient à l'éloquence, où les pensées s'enchaînent et prennent naturellement de l'ampleur et du nombre. D'autres genres littéraires, et certaines parties de l'éloquence elle-même, le récit, la discussion, l'attaque, la défense, demandent au contraire le style coupé. Ici les propo-

---

1. *Panégyrique de saint Paul*, premier point.

sitions ne s'enchaînent pas ; elles sont indépendantes ; elles se terminent avec le sens ; la phrase est brève et complète. Voltaire, par exemple, raconte comment Charles XII se mit à la tête des affaires :

« Le conseil délibéra en sa présence sur le danger où « l'on était ; quelques conseillers proposaient de détour-« ner la tempête par des négociations : tout d'un coup « le jeune prince se lève avec l'air de gravité et d'assu-« rance d'un homme qui a pris son parti. » — « Messieurs, « dit-il, j'ai résolu de ne jamais faire une guerre injuste, « mais de n'en finir une légitime que par la perte de « mes ennemis. Ma résolution est prise ; j'irai attaquer « le premier qui se déclarera ; et, quand je l'aurai vaincu, « j'espère faire quelque peur aux autres. » — « Ces paroles « étonnèrent tous ces vieux conseillers ; ils se regardèrent « sans oser répondre. Enfin, étonnés d'avoir un tel roi, « et honteux d'espérer moins que lui, ils reçurent avec « admiration ses ordres pour la guerre. » (*Histoire de Charles XII*, livre II, page 33 de l'édit. class. annotée par M. Geffroy.)

La vraie harmonie du style consiste dans le mélange et le tempérament habile de la période et de la phrase coupée. On voit que Voltaire, le prosateur le plus vif de notre langue, emploie la période pour conclure le récit qu'on vient de lire. « Le style périodique, dit Blair, donne à la composition quelque chose de grand et de sérieux ; le style coupé est plus vif et plus frappant. L'un ou l'autre doit donc dominer, suivant le genre et le caractère de l'ouvrage ; mais le grand art est de savoir les mélanger heureusement, parce qu'à la longue l'un comme l'autre finit par fatiguer l'oreille. Un style entre-coupé de phrases et de périodes dont l'étendue et la brièveté sont adroitement ménagées, n'a pas seulement l'avantage de flatter l'oreille ; il réunit encore la vivacité à la noblesse. « Il ne faut pas, dit Cicéron, employer « toujours la phrase soutenue et la forme périodique ;

« souvent il convient de procéder par petits membres
« détachés, mais qui devront eux-mêmes être assujettis
« à un certain rhythme »[1]. (BLAIR, *Cours de Rhétorique
et de Belles Lettres*, tome Ier, lecture XI.)

Harmonie imitative. — L'harmonie imitative est plus
musicale encore que celle de la période, plus artificielle
en apparence, et pourtant se réduit à un usage habile
de la nature.

Chez les grands écrivains, elle naît presque toute
seule de la vérité des pensées et de la propriété des
termes.

« Le caractère primitif des langues, dit M. Villemain,
est de faire entendre, autant qu'il se peut, l'objet et
l'idée par le son; et ce caractère leur est si essentiel,
qu'il persiste à toutes leurs époques.... La langue figu-
rative, celle qui peint par le son, est restée la force et
la vie de tout langage humain; et l'esprit de l'homme
n'y renonce jamais.

« Ce rapport du son à l'objet n'est point borné à
quelques cas, ou il nous frappe par une forte *onomatopée*, on le retrouve partout, dans les mots composés
de notre langue, comme dans les dérivés des langues
étrangères, pour l'expression des idées comme pour
celle des choses. Il est, à quelques égards, la première
étymologie des mots. Ce n'est pas seulement par imitation du grec βρέμειν, ou du latin *fremere*, que nous
avons fait le mot *frémir;* c'est par le rapport du son avec
l'émotion exprimée. *Horreur, terreur, doux, suave,
rugir, soupirer, pesant, léger,* ne viennent pas seulement pour nous du latin, mais du sens intime qui les
a reconnus et adoptés, comme analogues à l'impression de l'objet.... Plus une langue cultivée conserve
cette richesse des langues primitives, plus elle est éner-

---

1. *De Orat.* III, XLIX, traduction de M. Gaillard, page 401.

gique et juste. La nôtre l'était beaucoup. C'est en ce sens que Boileau disait : « La langue française est riche « en beaux mots ; mais elle veut être extrêmement tra- « vaillée. » (*Préface du Diction. de l'Académie fran- çaise*, p. XXVI.)

Ainsi, l'harmonie imitative est un effet de la nature avant d'être un secret de l'art.

> Quoi ! dit-elle, d'un ton qui fit trembler les vitres.
>
> BOILEAU.

> Et l'orgue même en pousse un long gémissement.
>
> *Idem.*

> L'essieu crie et se rompt.
>
> RACINE.

> Siffle, souffle, tempête.
>
> LA FONTAINE.

Ce sont là de vraies *onomatopées*; la *formation* seule du mot peint l'objet ou le sentiment qu'il exprime (ονομα, ποιεῖν.)

L'art, qui met en œuvre ces richesses naturelles, en tire une des plus brillantes qualités du style. Le goût en détermine la mesure et la limite, afin que l'écrivain ne substitue jamais les procédés artificiels à l'inspiration, ni le mécanisme au talent. Que l'harmonie, simple ou brillante, facile ou forte, vive ou majestueuse, exprime, dans l'éloquence et dans la poésie, les impressions de l'âme ou même des sens ; mais que le prosateur ne fasse jamais des vers blancs comme Marmontel ; que le poëte n'affecte pas les imitations matérielles et pué- riles comme Delille.

La vraie harmonie imitative n'est donc pas distincte de la pensée, et ne s'adresse pas séparément à l'oreille. Née de la propriété du langage et du tour, elle est la peinture des objets et l'expression des sentiments. On sait comme elle donne aux vers de Virgile un accent

pénétrant et irrésistible. Nos grands classiques, moins
bien servis par la langue que les anciens, écrivent cependant avec une harmonie merveilleuse. Les poëtes sont
dans toutes les mémoires. Faut-il citer Bossuet et
Fénelon?

« O nuit désastreuse! ô nuit effroyable, où retentit
« tout à coup comme un éclat de tonnerre, cette étonnante nouvelle : Madame se meurt, Madame est
« morte ! » (*Or. fun. de Henriette de France*, page 64
de l'édit. classique.)

« Au lieu de déplorer la mort des autres, grand
« prince, dorénavant je veux apprendre de vous à rendre
« la mienne sainte; heureux si, averti par ces cheveux
« blancs du compte que je dois rendre de mon admi-
« nistration, je réserve au troupeau que je dois nourrir
« de la parole de vie les restes d'une voix qui tombe, et
« d'une ardeur qui s'éteint. » (*Or. fun. de Louis de
Bourbon*, *ibid.*, page 359.)

« De là on découvrait la mer, quelquefois claire et
« unie comme une glace, quelquefois follement irritée
« contre les rochers, où elle se brisait en gémissant et
« élevant ses vagues comme des montagnes. D'un autre
« côté on voyait une rivière où se formaient des îles bor-
« dées de tilleuls fleuris et de hauts peupliers qui por-
« taient leurs têtes superbes jusque dans les nues. Les
« divers canaux qui formaient ces îles semblaient se
« jouer dans la campagne : les uns roulaient leurs eaux
« claires avec rapidité; d'autres avaient une eau paisible
« et dormante; d'autres, par de longs détours, reve-
« naient sur leurs pas, comme pour remonter vers leur
« source, et semblaient ne pouvoir quitter ces bords
« enchantés. » (*Télémaque*, livre Ier, page 5 de l'édition
classique annotée par M. Colincamp.)

Division du style en trois genres. — La variété des
formes et des qualités du style avait conduit les an-

ciens à distinguer trois genres dans l'éloquence, le *simple*, le *tempéré*, le *sublime*. Sans attacher trop d'importance à cette division un peu vieillie, et sans la prendre dans la grande rigueur, il n'est pas inutile d'en dire quelques mots. Rollin l'a développée, d'après Cicéron et Quintilien, dans le troisième livre du *Traité des études* (ch. III, articles I à IV). Nous lui emprunterons quelques observations, où il montre ce qui convient aux mœurs et à l'esprit moderne dans les préceptes de ces grands hommes.

« Le genre simple paraît convenir plus particulièrement à la narration et à la preuve. Son caractère principal est la clarté, la simplicité, la précision. La naïveté des pensées, la pureté du langage, et je ne sais quelle élégance qui se fait plus sentir qu'elle ne paraît, en font tout l'ornement.

« Il y a un autre genre d'écrire tout différent du premier; noble, riche, abondant, magnifique : c'est ce qu'on appelle le grand, le sublime. Il met en usage tout ce que l'éloquence a de plus relevé, de plus fort, de plus capable de frapper les esprits ; la noblesse des pensées, la richesse des expressions, la hardiesse des figures, la vivacité des mouvements. C'est cette sorte d'éloquence qui dominait autrefois souverainement à Athènes et à Rome, et qui s'y était rendue maîtresse absolue des délibérations publiques : c'est elle qui enlève et qui ravit l'admiration et les applaudissements; c'est elle qui tonne, qui foudroie, et qui, semblable à un fleuve rapide, impétueux, entraîne et renverse tout ce qui lui résiste. »

On regretterait que Rollin n'ait cherché les modèles du sublime que dans l'antiquité, s'il n'avait commenté à part, avec plus d'âme encore et plus d'enthousiasme, les beautés des Pères de l'Église et des Livres Saints. Il n'a pas non plus oublié Bossuet (Livre IV, chap. II et III.)

« Enfin, ajoute-t-il, il y a un troisième genre, qui tient comme le milieu entre les deux autres, qui n'a ni la simplicité du premier ni la force du second; qui en approche, mais sans leur ressembler. Il a plus de force et d'abondance que le premier, mais moins d'élévation que le second. Il admet tous les ornements de l'art, la beauté des figures, l'éclat des métaphores, le brillant des pensées, l'agrément des digressions, l'harmonie du nombre et de la cadence. »

De ces trois genres, le simple et le tempéré sont ceux qui conviennent le mieux à nos mœurs. Le monde et la civilisation modernes sont moins capables que les âges précédents de traits et d'œuvres sublimes. Au reste, l'habileté de l'orateur et de l'écrivain consiste à employer à propos toutes les formes de la pensée et du langage, selon la différence des sujets : la chaire, le barreau, les affaires publiques, la philosophie, les sciences, l'histoire, les lettres, demandent avant tout la simplicité, la solidité et la force, sans exclure, quand le goût ou la passion les appellent, l'agrément et le sublime.

« Le genre simple, dit encore Rollin, n'est pas le plus facile, quoiqu'il le paraisse. Comme le style qu'on y emploie est fort naturel, et qu'il s'écarte peu de la manière commune de parler, on s'imagine qu'il ne faut pas beaucoup d'habileté ni de génie pour y réussir. On le croit, mais on se trompe, et, pour s'en convaincre, il ne faut qu'en faire l'essai; car, après bien des efforts, on sera contraint souvent d'avouer qu'on n'a pas pu y parvenir. Ceux qui ont quelque goût de la vraie éloquence, reconnaissent qu'il n'y a rien de si difficile que de parler avec justesse et solidité, et cependant d'une manière si simple et si naturelle, que chacun se flatte d'en pouvoir faire autant. »

Nous ne citons pas les observations de Rollin sur le sublime. On trouvera cette matière traitée à fond dans

le *Traité des études* et dans les œuvres oratoires de
Fénelon.

VIIme QUESTION, IIme PARTIE.

*Quelles sont, parmi les qualités du style, celles qui
caractérisent plus particulièrement les chefs-d'œuvre
de la prose française?*

Ces diverses qualités du style se rencontrent à des
degrés très-différents dans les œuvres littéraires. Elles
varient selon le goût des peuples et le génie des écrivains : elles se développent ou s'affaiblissent, selon le
progrès ou la décadence des littératures.

Qualités de la prose française : Clarté. — La prose
française, formée du latin dégénéré du moyen âge, et
perfectionnée aux xvie et xviie siècles par l'étude savante
des classiques, hérita des qualités essentielles de la
langue latine; la forme heureuse et expressive des mots,
la fermeté, la précision, la propriété. Dans la transfor-
mation de la langue, les déclinaisons avaient disparu
avec leurs désinences. Le français y perdait la liberté
de l'inversion, si favorable à l'ordre logique, à la progression oratoire et presque dramatique du style. Il y
gagna, en retour, sa qualité la plus essentielle et la plus
précieuse : la *clarté*.

Un éminent écrivain, que nous avons cité déjà,
explique sous quelles influences, au xviie siècle, la clarté
est devenue la première condition de nos bons ouvrages.

« Un caractère essentiel de la langue française, celui
qui la rend si propre aux sciences, aux affaires et à la
vie, celui qu'elle ne peut perdre sans changer tout à fait,
la *clarté*, devenait de plus en plus une loi de notre littérature. Elle se marquait par l'ordre direct du langage,
la lumière des expressions, et cette netteté précise, où
l'on reconnaît à quelques égards l'influence de la géo-

métrie, de cette science judicieuse qui avait formé Descartes, et dont Pascal et ses amis mêlèrent l'inflexible justesse à l'ardeur même de l'éloquence.» (*Préface du Diction. de l'Académie*, par M. Villemain.)

Originalité. — Cette lucidité de l'expression s'alliait dans la langue, avant l'influence particulière des écrivains, à une originalité native. « On sait combien notre langue, au xvıı^e siècle surtout, avait de liberté hardie dans les tours, soit par un reste des vieux dialéctes parisien et picard, soit par l'imitation des formes antiques. On sait aussi combien elle gagnait de vivacité à l'abondance de ces idiotismes, indigènes ou importés.

Dès le xvı^e siècle, le plus profond de nos philologues, Henri Estienne, avait marqué, dans un grand nombre d'expressions composées et de tournures, la conformité de notre langue avec la grecque, et il en avait conclu « qu'elle tenoit le second lieu entre tous les langages « qui ont jamais esté, et le premier entre ceux qui sont « aujourd'hui. » *Ibid.*

A ces qualités premières vinrent s'ajouter, au xvıı^e siècle, des influences puissantes, qui contribuèrent à déterminer le caractère de notre prose. L'Hôtel de Rambouillet et l'Académie lui donnèrent la correction et la pureté; Port-Royal le nerf et la solidité.

Correction, pureté. — L'Hôtel de Rambouillet, qui était, dit Huet, le *sanctuaire de l'urbanité* [1], et réunissait, autour des *Précieuses*, les esprits les plus distingués du règne de Louis XIII et des premières années de Louis XIV, s'était attribué la mission de purifier l'esprit et la langue. Il soumettait les idées et les sentiments à une analyse subtile, les tours et les mots à une critique rigoureuse. Le public subit cet empire, quelquefois avec des murmures, plus souvent avec une pieuse docilité, jusqu'au moment où Molière et Boileau

1. Voyez la Notice biographique sur madame de Montausier, et son Oraison funèbre par Fléchier, édition classique, page 2 et suivantes.

détruisirent l'autorité des *puristes*, réduite à ses abus, et tournée au ridicule par l'exagération. Mais cette autorité, qui avait censuré Corneille et jugé les premiers essais de Bossuet, avait établi dans la langue et dans la prose une correction sévère, une pureté scrupuleuse et une précision délicate.

Ces qualités s'affermirent par une sanction durable, celle de l'Académie française [1]. Ce qui, dans les précieuses, n'était qu'une mode, devint une tradition par l'autorité de l'Académie. Là se formait cet esprit de discipline, de règle et de choix qui a dominé tout le grand siècle. Là se contrôlaient les sujets, les pensées, les tours et les mots. L'esprit académique, né des règles posées par Malherbe pour la poésie, se personnifiait dans Vaugelas, dont les *Remarques sur la langue française* assurèrent la correction et la pureté de notre prose.

Précision, solidité, vigueur. — A côté des Précieuses et de l'Académie, une école sévère portait, dans les matières les plus sérieuses et les plus hautes, la pénétration, la solidité et la force. Les solitaires de Port-Royal obéissaient, comme l'Académie, à une discipline librement consentie ; mais leurs graves études, la supériorité de leurs écrivains et le génie de Pascal leur donnaient une bien autre puissance.

« Port-Royal donna le goût d'une diction sérieuse et nourrie, qui rapprochait la langue française des sources antiques d'où elle est sortie. Par une controverse assidue sur des questions de métaphysique, ces pieux solitaires firent entrer dans l'usage du monde une foule d'expressions qui tendaient à spiritualiser notre idiome, et à le rendre plus exact et plus précis... Les admirables *discours sur la logique* étaient, pour Port-Royal, le fondement de toutes les études de langue et de goût. Tout,

---

1. Sur l'influence de l'Académie, et en général sur la formation de la prose française, voy. le III° livre de l'*Hist. de la Littérature française*, par M. Nisard. On trouvera, dans ce qui suit, des souvenirs de ces belles leçons.

dans l'art d'écrire, y était ramené à *l'art de penser*, mais avec cette vive intelligence de la passion et du beau, qui distingue les vues de Pascal sur l'éloquence des critiques de Condillac sur le style. » (M. VILLEMAIN, préface déjà citée, *passim.*)

Ce fut dans ce mouvement général des intelligences vers la raison et la vérité que deux écrivains de génie, Pascal et Descartes, fixèrent par des chefs-d'œuvre la forme impérissable de la prose française.

Pascal, Descartes. — Pascal, avec les qualités solides de ses maîtres et de ses amis, portait, dans la recherche de la vérité, une pénétration effrayante, une éloquence passionnée que la philosophie ne connaissait pas avant lui. Descartes, pressé comme Pascal du désir de la vérité, mais sans en éprouver les tourments, remontait à l'origine de la certitude avec une sûreté d'analyse irrésistible, où la clarté, la justesse et la précision rendaient transparente la prose philosophique. Le *Discours sur la méthode* et les *Méditations sur la philosophie* précédèrent les *Pensées* de peu d'années.

Telles sont les qualités définitives de la prose française au milieu du XVIIe siècle, lorsqu'elle va passer des mains de Descartes et de Pascal dans celles de Bossuet. A sa clarté et à son originalité première, elle a joint, grâce aux Précieuses et à l'Académie, la délicatesse, la correction et la pureté ; grâce à Descartes, à Pascal et à Port-Royal, la lumière, la simplicité, la vigueur, la justesse inaltérable de la pensée, la propriété rigoureuse du langage.

« La règle en France et la discipline ont donc prévenu la liberté. Nos écrivains ont été bien avertis que la langue n'était pas leur propriété particulière, et que de même qu'il ne fallait rien penser qui ne fût conforme à l'esprit de la nation, il fallait ne rien écrire qui ne fût conforme au génie de la langue. Le génie, dans notre pays, c'est la réunion dans un seul homme de tout ce qu'il y a de bon sens répandu dans tous ; et la langue écrite de génie, c'est celle que parle chacun de nous quand il est dans la vérité. » (*Hist. de la litt. française*, par M. Nisard, livre III, ch. v, t. II, p. 237.)

Ainsi préparé, le génie français immortalisa les soixante années du gouvernement de Louis XIV par les chefs-d'œuvre de la prose moderne. Ce fut la gloire du roi de diriger ce grand mouvement des lettres, consacrées à l'expression du vrai, de l'utile et du beau. Le prince, *dont le jugement*, dit Bossuet, *était une règle toujours sûre*, encourageait les grands écrivains par de nobles bienfaits, par une attention flatteuse et souvent docile, par des conseils de goût ; il donnait le ton à la société la plus brillante, la plus éclairée, la plus polie qui fut jamais.

Éloquence de la chaire : son influence sur la prose française. — C'est pour ce maître d'un esprit si judicieux, pour cette société si délicate et ensemble si religieuse, que se forma cette grande éloquence de la chaire, inconnue des anciens, et dont les modèles appartiennent à notre littérature. La religion, devant une telle *audience*, s'alliait aux nobles plaisirs de l'esprit ; le goût s'éclairait avec la foi, et la vérité pénétrait dans les cœurs par les séductions les plus pures de la parole.

Bossuet égala les mouvements de l'éloquence aux plus sublimes accents de la poésie. Les *Oraisons funèbres*, modèles de profondeur historique, de grandeur, de pathétique, les *Sermons*, d'une logique, d'une vigueur, d'un éclat si surprenant, ne furent qu'une partie de cette vie prodigieuse. Le *Discours sur l'Histoire Universelle*, en créant parmi nous la philosophie de l'histoire, consacra pour l'exposition de la vérité historique la prose la plus mâle, la plus noble, la plus passionnée, avec une concision de génie qui réduit, en quelques lignes d'une clarté parfaite, la matière des réflexions et des études de tout un siècle.

Près de Bossuet, Bourdaloue ramenait l'éloquence
à la logique irrésistible dont Port-Royal avait déjà donné
les modèles, avec une abondance qui n'omettait aucune
des nuances du sentiment et de la pensée. Mais cette
abondance même gênait et retardait son style et sa
période; et cette lenteur, sensible quelquefois dans la
vigueur même de Bossuet, devenait, dans un orateur
méthodique, un embarras et une fatigue.

Massillon, moins grand peintre que Bossuet et moins
logicien que Bourdaloue, mais habile à toucher par
l'analyse délicate des passions, renouvela la fécondité
et la richesse de l'éloquence. Sa pensée, redoublée quelquefois à l'excès, se dégage pourtant des périodes pé-
nibles où s'enveloppait celle de Bourdaloue. Sa phrase,
périodique dans la liaison des idées, mais coupée dans
la succession des incises, semble préparer la prose vive
et dégagée du xviie siècle.

Il ne faut pas oublier Fléchier, dont l'éloquence fut
estimée par les contemporains à l'égal des grands modèles. On peut lui reprocher l'abus de la symétrie et des
antithèses, une perfection qui n'échappe pas à la mono-
tonie; mais l'élégance et l'habileté de son style, qui
n'ont pas été surpassées, méritent l'attention des gens
de goût. Son talent ne se réduit pas à l'artifice des périodes; il faut l'étudier dans l'expression précise, fine,
ingénieuse de pensées toujours délicates, et d'affections
quelquefois éloquentes.

La chaire n'avait pas le privilége exclusif des chefs-
d'œuvre oratoires. Fénelon, dans le *Traité de l'Existence de Dieu,* égalait l'abondance et l'éclat du style à
la richesse de la nature, et renouvelait les effusions et
les aspirations ardentes de Bossuet et de Pascal vers la
vérité. Dans le *Télémaque,* il imitait en créateur. Sa
prose devenait une langue nouvelle, flexible, mélodieuse,
colorée comme les plus beaux vers. Si le style de Bossuet, dans ses mouvements lyriques, présente à l'espri

étonné la magnificence, la hardiesse, le sublime des Psaumes et des Cantiques sacrés, celui de Fénelon a la naïveté et la grâce inimitable d'Homère, avec la passion et l'énergie de Sophocle. Deux prosateurs, deux orateurs chrétiens, au xviie siècle, ont consolé la France de n'avoir pas l'ode ni l'épopée antique. Ajoutons, à la gloire de Fénelon, qu'il a donné le ton et le modèle de la critique dans les *Dialogues* et la *Lettre sur l'Éloquence*, où les principes éternels du goût sont exprimés avec l'exquise justesse d'une raison excellente, avec le charme de *ces grâces naturelles qui coulaient de source*, comme parle Saint-Simon, *de cet esprit facile, ingénieux, agréable, dont il tenait pour ainsi dire le robinet, pour en verser la qualité et la quantité exactement convenables à chaque chose.* (*Mémoires*, tome IX, chap. xxii.)

Pendant que les grands orateurs instruisaient la société par leurs discours, leurs livres, leur correspondance, La Bruyère travaillait silencieusement à la peindre. Les *Caractères* eurent le mérite singulier de réunir toutes les sortes d'esprit, et d'allier la satire, la bienveillance, la verve comique et la rêverie, la profondeur et la grâce. Le style de La Bruyère, vif, piquant, décidé, rencontre sans cesse le trait, le cherche quelquefois, surtout grâce à la construction habile de la période, où la première partie de la pensée se développe à l'aise et par d'amples redoublements, tandis que la seconde, résumée avec une concision imprévue, surprend et saisit par le contraste. Au xviie siècle, il est le seul qui écrive ainsi.

La liste des ouvrages excellents en prose serait encore bien longue ; citons seulement, parmi les écrivains qui rencontrèrent l'immortalité sans y penser, madame de Sévigné et Saint-Simon. L'une, avec un esprit et un naturel infini, donne à la pensée le tour le plus heureux, le plus original, le plus pittoresque. « Il n'appartient qu'à « elle, dit La Bruyère, de faire lire dans un seul mot tout « un sentiment, et de rendre délicatement une pensée

« qui est délicate ; elle *a* un enchaînement de discours « inimitable qui se suit naturellement, et qui n'est lié **que** « par le sens. » (Chapitre Ier, page 22 de l'édit. classiq. annotée par M. Hémardinquer.) L'autre, seul rival **de** Tacite chez les modernes, est, comme lui, rempli **de** traits qui saisissent, de mots impérissables, de portraits, de peintures, de récits aussi vivants que la réalité. Son style est incorrect, mêlé de latinismes singuliers, **de** mots et de tours empruntés aux habitudes du grand seigneur, mais fougueux, concis, coloré, plein de ces *brusques fiertés qui enlèvent*, comme madame de Sévigné le disait de Corneille, et qui ne s'oublient jamais.

Voilà les principaux traits de l'histoire de la prose française au xviie siècle. Encore n'avons-nous point essayé de nommer seulement les excellents prosateurs du second ordre, La Rochefoucauld, Mascaron, Nicole, madame de Maintenon, madame de La Fayette, Hamilton et tant d'autres, qui ont écrit comme ils parlaient, dans une langue inimitable ! Quel chemin parcouru depuis cette langue déjà si aimable et si belle d'Amyot et de Montaigne, qui excitait l'admiration d'Henri Estienne !

Le xviiie siècle recueillit ce magnifique héritage ; mais, par cette loi de décadence que subissent fatalement toutes les grandeurs, il en perdit une partie.

« Un pénétrant et judicieux écrivain, l'abbé Dubos, qui déjà s'était occupé de recherches politiques et de théories étrangères au siècle précédent, écrivait en 1720 : « Notre langue me paraît parvenue, depuis « soixante et dix ans, à son point de perfection. » Et il en concluait que les écrivains dont la gloire s'était maintenue, à cette époque de consistance et de durée pour la langue, seraient *immortels* sans *vieillir*. » (M. VILLE-MAIN, *préface du Dictionnaire*.)

En effet, Voltaire et Montesquieu commençaient à écrire ; ils furent, avec Buffon et Rousseau, les grands prosateurs du siècle. Tous ajoutèrent à la gloire de la littérature et de la langue; mais l'âge de la perfection était passé. « Voltaire, admirable et presque timide. gardien de la langue et du goût, en retardait la décadence par les qualités mêmes de son style. Il ajoute, pour ainsi dire, à la nature de cette langue celle de son esprit si net, si juste, si facile, si rapide, si brillant de clarté. Grâce à lui et à Montesquieu, la prose devient plus rapide et plus incisive; elle se dégage des lenteurs où les écrivains du xviie siècle s'embarrassaient quelquefois. L'étude plus générale des sciences et des arts, l'exemple et l'autorité de Buffon, introduisent dans l'usage des termes nouveaux, souvent utiles, parfois nécessaires. Ce fut, pour notre langue, l'époque d'une popularité et d'une puissance universelles.... La prose française gardait, sous le burin de Montesquieu, la pureté du trait et l'éclat des images de Pascal; elle s'élevait avec Buffon à cette magnificence de paroles qui est l'éloquence sans la passion; elle était, dans Rousseau, tour à tour sévère et didactique, ou véhémente et colorée. » (M. Ville-main, *préface*.)

Tant de talent et d'éclat ne faisait que retarder et cacher la décadence. Les maîtres eux-mêmes y aidèrent involontairement; Buffon, par son élégance solennelle, sa majesté que rien n'adoucit, et son goût pour les termes généraux; Rousseau, par son éloquence trop souvent mise au service de la déclamation, du sophisme et des passions mauvaises; Montesquieu, par son esprit brillant et incisif, qui trouvait fréquemment, mais cherchait parfois le trait ou la profondeur, comme ses contemporains le lui reprochèrent. « Voltaire lui-même, s'il ménageait avec un goût exquis le caractère de notre idiome, et ne le surchargeait d'aucun faux ornement, en émonda parfois le jet vigoureux, et n'en retint pas toutes les richesses. Sa langue, si correcte et si facile, a moins de nerf et de physionomie que celle du siècle précédent. » (M . Villemain.)

Alors disparaissent les tours propres à notre langue; les idiotismes que Fénelon et La Bruyère commençaient à regretter au XVIIe siècle. Les écrivains du XVIIIe ne les comprennent plus, ou les proscrivent par une fausse délicatesse. Les images et les termes de l'industrie et de la science pénètrent au hasard et pêle-mêle dans le style et dans la langue. Bientôt viennent les mots empruntés maladroitement par la mode aux langues étrangères. Les révolutions bouleversent le langage comme la société, forgent les mots, ou tout au moins les dénaturent, pour servir les passions et les intérêts. De nos jours, une admiration puérile s'est attachée aux singularités et aux défauts des littératures modernes, plus encore qu'à leurs beautés. Avec tant de raisons de déchoir, il faudrait désespérer de notre langue, s'il ne restait de puissantes ressources dans le génie français et dans l'étude sérieuse et recueillie des grands maîtres anciens et modernes.

VIII.

Des principales figures de pensées et de mots.

Les *Figures* sont une partie très-importante de l'Élocution, et ont beaucoup exercé les critiques anciens ou modernes.

Voici comme les définit Dumarsais, auteur d'un traité complet des figures appelées *Tropes :* « Qu'est-ce que « les figures? Ce mot se prend ici lui-même dans un « sens figuré. C'est une métaphore. *Figure*, dans le « sens propre, est la forme extérieure d'un corps. Tous « les corps sont étendus; mais, outre cette propriété « générale d'être étendus, ils ont encore chacun leur « figure et leur forme particulière, qui fait que chaque « corps paraît à nos yeux différent d'un autre corps. Il « en est de même des expressions figurées; elles font

« d'abord connaître ce qu'on pense; elles ont d'abord
« cette propriété générale qui convient à toutes les
« phrases et à tous les assemblages de mots, et qui
« consiste à signifier quelque chose, en vertu de la
« construction grammaticale; mais, de plus, les expres-
« sions figurées ont encore une modification particulière
« qui leur est propre; et c'est en vertu de cette modifi-
« cation particulière que l'on fait une espèce à part de
« chaque sorte de figure.... Les FIGURES sont donc des
« manières de parler distinctement des autres par une
« modification particulière, qui fait qu'on les réduit
« chacune à une espèce à part, et qui les rend ou plus
« vives, ou plus nobles, ou plus agréables que les ma-
« nières de parler qui expriment le même fonds de
« pensée, sans avoir d'autre modification particulière. »
(*Traité des Tropes*, art. I.)

Nous croyons que le critique eût été plus clair, plus
court, et n'eût pas fait de cercle vicieux, s'il eût sim-
plement analysé le nom que Cicéron donne aux figures.
Il les appelle *tour, forme, physionomie* de la pensée ou
des mots (*conformationes sententiarum ac verborum*).
Les Grecs se servaient du mot σχῆμα (ἔχω), *manière
d'être, extérieur, gestes* du discours. (*Voy.* CICÉRON,
Orator., ch. XXV.)

Les *figures*, en effet, ne sont que les tours et les
transformations de la pensée et de l'expression.

La forme primitive et essentielle de la pensée est,
comme nous l'avons vu (page 102), la *proposition*
composée de trois termes, de trois signes propres chacun à l'idée qu'il représente.

L'usage — seulement — fait la possession.
LA FONTAINE.

Les prêtres ne pouvaient suffire — aux sacrifices.
RACINE.

Moi-même, — en vous parlant, — j'ai les larmes aux yeux.
CORNEILLE.

> Si vous faites cela, — vous ne ferez pas peu.
>
> MOLIÈRE.

Ces vers ne contiennent pas de figures : ils présentent la pensée nue et réduite aux mots ordinaires et indispensables. Mais que la passion dérange, transforme, anime cette simplicité qui deviendrait bientôt monotone; que l'imagination varie l'ordre et le tour des mots, qu'elle change, par des emprunts hardis et brillants, le sens primitif et vulgaire des termes; que Philinte dise, avec la spirituelle noblesse d'un *honnête homme :*

> Cette grande raideur des vertus des vieux âges
> Heurte trop notre siècle et les communs usages.
>
> MOLIÈRE.

Que le sage se demande dans de sublimes réflexions sur le Créateur :

> Aurait-il imprimé sur le front des étoiles
> Ce que la nuit des temps enferme dans ses voiles?
>
> LA FONTAINE.

Que Clytemnestre s'écrie dans les fureurs de l'amour maternel :

> O monstre, que Mégère en ses flancs a porté,
> Monstre que dans nos bras les enfers ont jeté !
>
> RACINE.

Ces mouvements vifs et passionnés de la pensée, ces transformations du sens et de l'usage ordinaire des mots qui donnent au langage et au style un air nouveau, sont ce qu'on appelle les *figures.*

On distingue deux sortes de figures, les *figures de pensées* et les *figures de mots.* Les premières dépendent uniquement du sens, des mouvements de la passion, ou du tour d'esprit : elles subsistent, quels que soient les mots employés. Les autres, au contraire, consistent dans l'emploi des termes : changez les mots, la figure s'évanouit.

Quand Bossuet s'écrie : « O rois, confondez-vous dans
« votre grandeur; conquérants, ne vantez pas vos vic-
« toires! » (*Or. fun. de Louis de Bourbon*, page 339.)
La figure resterait avec des mots différents. Il n'en est
pas de même dans l'exemple suivant : « Le glaive qui a
« tranché les jours de la reine est encore levé sur nos
« têtes : nos péchés en ont affilé le tranchant fatal. »
(*Or. fun. de Marie-Thérèse*, page 151.) Substituez à ces
expressions inattendues et saisissantes les termes primi-
tifs et les signes vulgaires de la pensée, la figure disparaît.

Il ne faut pas croire que les figures soient chose artificielle, et s'éloignent, comme on l'a dit quelquefois,
du langage ordinaire : rien au contraire n'est plus fréquent et plus populaire. Figures de pensées, figures de
mots, figures de grammaire, toutes se rencontrent également dans la conversation la plus familière comme
dans la plus sublime éloquence. Habiles et brillantes
dans la bouche des savants, elles naissent toutes seules
dans celle du peuple et des enfants, et souvent avec
une logique, une originalité plus heureuses qu'un art
accompli. Il ne faut pas non plus s'effrayer des noms
que leur a donnés la Rhétorique. Toute science a sa
langue technique et sa nomenclature spéciale. L'homme
commence par user instinctivement des procédés de
l'intelligence : il fait des figures sans le savoir. Plus
tard, quand la réflexion s'est exercée sur ces inspirations premières, la conscience succède à l'instinct, et la
nature prend l'art pour auxiliaire. C'est alors que naissent
les langues techniques, faites pour seconder la mémoire
et faciliter le travail. Ces noms qui nous semblent singuliers désignent les actes et les œuvres de l'esprit, comme
d'autres noms scientifiques désignent les organes et les
actes du corps. La Rhétorique moderne a conservé les
termes de l'ancienne, parce qu'ils sont bien faits, justes
et précis. Plusieurs sont passés dans la langue commune, comme *ironie, apostrophe, métaphore, hyper-*

bole. Les autres, pour être moins familiers, n'ont rien de plus étrange que les mots empruntés au grec par les mathématiques ou les sciences naturelles.

I° *Figures de pensées*. — Les figures de pensées les plus fréquentes et ensemble les plus pathétiques, sont l'*Interrogation*, l'*Apostrophe*, et l'*Exclamation*.

1° *Interrogation*. — Elle prend l'auditeur à partie par des questions vives et pressantes ; elle traduit et communique l'émotion de l'orateur :

« Qu'attendez-vous de moi, Messieurs, et quel doit « être aujourd'hui mon ministère ? » (FLÉCHIER, *Or. fun. de la duchesse d'Aiguillon*, page 52 de l'édit. class.)

> Et quel temps fut jamais plus fertile en miracles ?
> Quand Dieu par plus d'éclat montra-t-il son pouvoir ? etc.
> *Athalie*, acte I, sc. 1.

À l'*Interrogation* se rattache la *Subjection*, par laquelle l'orateur se fait la question à lui-même, et se charge d'y répondre (*rem sibi subjicere*).

« Que restait-il à notre princesse, que restait-il à une « âme qui, par un juste jugement de Dieu, était déchue « de toutes les grâces, et ne tenait à Jésus-Christ par « aucun lien ! Qu'y restait-il, chrétiens, si ce n'est ce « que dit saint Augustin ? Il restait la souveraine misère « et la souveraine miséricorde. » (*Or. fun. d'Anne de Gonzague*, page 186 de l'édit. classique.)

2° *Apostrophe*. — Elle *détourne* le discours de sa marche première, pour l'adresser à un personnage ou bien à un objet inattendu (ἀπὸ στρέφω).

« Princesse, dont la destinée est si grande et si glo-« rieuse, faut-il que vous naissiez en la puissance des « ennemis de votre maison ? O Éternel, veillez sur elle ! « Anges saints, rangez à l'entour vos escadrons invi-« sibles, et faites la garde autour d'une princesse si « grande et si délaissée ! » (BOSSUET, *Or. fun. de Henriette de France*, page 35.)

Lauriers, sacrés lauriers qu'on veut réduire en poudre,
Et qui mettez sa tête à l'abri de la foudre !
L'abandonnerez-vous à l'infâme couteau
Qui fait choir les méchants sous la main d'un bourreau ?

CORNEILLE, *Horace*, acte V, sc. III.

Plusieurs figures se rattachent à l'*Apostrophe*, et n'en sont que des variétés.

L'*Imprécation* met l'apostrophe au service de la menace et de la malédiction. Chacun sait par cœur celle de Camille. En voici une moins connue :

« Enfin, enfin, disent les démons, nous ne serons pas
« les seuls : çà, çà, voici des compagnons. O justice
« divine ! tu as voulu des supplices, en voilà : soûle ta
« vengeance; voilà assez de sang, assez de carnage.
« Voilà, voilà ces hommes que Dieu avait voulu égaler
« à nous, les voilà enfin nos égaux dans les tourments;
« cette égalité nous plaît : plutôt, plutôt périr, que de
« les voir à nos côtés dans la gloire ! Malheur à nos
« lâches compagnons qui le souffrent ! il vaut bien
« mieux périr, et qu'ils périssent avec nous! » (BOSSUET,
Sermon sur les démons.)

L'*Obsécration* fait servir l'apostrophe à la bénédiction et à la prière.

« Ainsi puisse-t-il toujours vous être un cher entretien !
« Ainsi puissiez-vous profiter de ses vertus ! Et que sa
« mort, que vous déplorez, vous serve à la fois de con-
« solation et d'exemple! » (*Or. fun. de Louis de Bourbon*, page 358.)

La *Prosopopée*, que l'on confond quelquefois à tort avec l'apostrophe aux objets inanimés, prête l'action, le sentiment et la parole aux objets inanimés et insensibles, aux absents, aux morts : elle en fait des *personnages* nouveaux (πρόσωπον ποιεῖν).

« Oserais-je, dans ce discours où la franchise et la
« candeur font le sujet de nos éloges, employer la fiction
« et le mensonge ? Ce tombeau s'ouvrirait, ces ossements

« se rejoindraient et se ranimeraient pour me dire :
« Pourquoi viens-tu mentir pour moi, qui ne mentis
« jamais pour les autres? Ne me rends pas un honneur
« que je n'ai pas mérité, à moi qui n'en voulus jamais
« rendre qu'au vrai mérite, etc. » (FLÉCHIER, *Or. fun.
de M. de Montausier*, page 275 de l'édit. class.)

« Que sera-ce, quand Jésus-Christ paraîtra lui-même
« à ces malheureux, et qu'il leur dira d'une voix ter-
« rible : « Pourquoi me déchirez-vous par vos blas-
« phèmes, nation impie? Ou si vous ne le faisiez pas
« par vos paroles, pourquoi le faisiez-vous par vos
« œuvres? Ou pourquoi avez-vous marché dans mes
« voies d'un pas incertain, comme si mon autorité était
« douteuse? Race infidèle, me connaissez-vous à cette
« foi? Suis-je votre roi? suis-je votre juge? suis-je votre
« Dieu? Apprenez-le par votre supplice. » (*Or. fun.
d'Anne de Gonzague*, page 209 de l'édit. class.)

La *Prosopopée*, comme on peut le voir dans ces
exemples, est une figure pleine d'éclat et d'éloquence,
mais d'un emploi rare et difficile.

3° *Exclamation*. — C'est un cri subit de l'âme profondément émue.

« O spectacle merveilleux, et qui ravit en admiration
« le ciel et la terre! » (BOSSUET, *Or. fun. de Marie-
Thérèse*, page 122 de l'édit. class.) — « Heureuse la
« nation, grand Dieu, à qui vous destinez dans votre
« miséricorde, un souverain de ce caractère! » (MAS-
SILLON, *Petit Carême*, page 95 de l'édit. class.)

O haine d'Émilie ! ô souvenir d'un père !

Cinna, acte III, sc. III.

On a donné à l'*exclamation* le nom d'*épiphonème*,
quand elle exprime une réflexion et termine un tableau,
un récit, un raisonnement. (ἐπὶ φώνη).

« Notre siècle a vu un roi se servir de ces deux grands
« chefs, et profiter du secours du ciel; et, après qu'il

« en est privé par la mort de l'un et les maladies de
« l'autre, concevoir de plus grands desseins, et exé-
« cuter de plus grandes choses, s'élever au-dessus de
« lui-même, surpasser et l'espérance des siens et l'at-
« tente de l'univers : — tant est haut son courage, tant
« est vaste son intelligence, tant ses destinées sont glo-
« rieuses ! » (*Or. fun. de Louis de Bourbon*, page 335
de l'édit. class.)

> Détestables flatteurs ! présent le plus funeste
> Que puisse faire aux rois la colère céleste !
>
> RACINE, *Phèdre*, acte IV.

> Oh ! que de grands seigneurs, au léopard semblables,
> N'ont que l'habit pour tous talents !
>
> LA FONTAINE, livre IX, fab. III.

Parfois l'*épiphonème* se réduit à une *sentence*, surtout
dans La Fontaine, où cette figure se prête si bien à
l'expression de la morale.

> Le plus semblable aux morts meurt le plus à regret.
>
> ID. liv. VIII, fab. I.

> Le bien, nous le faisons ; le mal, c'est la Fortune ;
> On a toujours raison, le Destin toujours tort.
>
> ID. liv. VII, fab. XIV.

4° *Hypotypose*. — Elle consiste à peindre les objets
avec des traits si vifs que nous les ayons comme sous
les yeux (ὑπὸ τυπόω). Il faut rattacher à l'hypotypose les
portraits, les *descriptions*, les *récits*, etc. On devine
combien les orateurs et surtout les poëtes font usage de
cette figure. Écoutons Massillon décrire la mort du
pécheur :

« Il sort de ses yeux mourants je ne sais quoi de
« sombre et de farouche, qui exprime les fureurs de
« son âme ; il pousse du fond de sa tristesse des paroles
« entrecoupées de sanglots, qu'on n'entend qu'à demi,
« et on ne sait si c'est le désespoir ou le repentir qui les
« a formées ; il jette sur un Dieu crucifié des regards
« affreux, et qui laissent douter si c'est la crainte ou

« l'espérance, la haine ou l'amour qu'ils expriment; il
« entre dans des saisissements, où l'on ignore si c'est le
« corps qui se dissout, ou l'âme qui sent l'approche de
« son juge; il soupire profondément, et l'on ne sait si
« c'est le souvenir de ses crimes qui lui arrache ces
« soupirs, ou le désespoir de quitter la vie. Enfin, au
« milieu de ces tristes efforts, ses yeux se fixent, ses
« traits changent, son visage se défigure, sa bouche
« livide s'entr'ouvre d'elle-même, tout son corps frémit;
« et, par ce dernier effort, son âme infortunée s'arrache
« comme à regret de ce corps de boue, tombe entre les
« mains de Dieu, et se trouve seule aux pieds du tri-
« bunal redoutable. » (AVENT, *Sermon pour le jour des
Morts, Recueil des morceaux choisis*, édit. class. annotée par M. Hignard, page 310.)

5° *Ironie*. — Elle dit le contraire de ce qu'on veut
faire entendre, pour rendre la pensée plus forte et plus
amère, ou tout au moins plus piquante. C'est une des
figures favorites de la passion.

> Seigneur, dans cet aveu dépouillé d'artifice,
> J'aime à voir que du moins vous vous rendiez justice,
> Et que voulant bien rompre un nœud si solennel,
> Vous vous abandonniez au crime en criminel.
> Est-il juste, après tout, qu'un conquérant s'abaisse
> Sous la servile loi de garder sa promesse?
> Non, non, la perfidie a de quoi vous tenter,
> Et vous ne me cherchez que pour vous en vanter.
>
> *Andromaque*, acte IV, sc. v.

Il faut lire toute cette admirable tirade, le plus long
et le plus bel exemple d'ironie qu'il y ait dans notre
langue.

L'*Ironie* n'est pas toujours si cruelle; parfois elle n'es
que spirituelle et enjouée.

> Les doctes entretiens ne font point mon affaire;
> J'aime à croire aisément, et, dans tout ce qu'on dit
> Il faut se trop peiner pour avoir de l'esprit.
> C'est une ambition que je n'ai point en tête;
> Je me trouve fort bien, ma mère, d'être bête,

> Et j'aime mieux n'avoir que de communs propos
> Que de me tourmenter à dire de grands mots.
>
> *Les Femmes savantes*, acte III, sc. II.

6° *Hyperbole*. — Elle exagère la vérité pour la faire mieux entendre (ὑπέρ βάλλω, frapper au delà du but). C'est encore une figure familière à la passion. On connaît la réponse d'Alceste furieux à Célimène :

> Que toutes les horreurs dont une âme est capable
> A vos déloyautés n'ont rien de comparable,
> Que le sort, les démons et le ciel en courroux
> N'ont jamais rien produit de si méchant que vous.
>
> *Le Misanthrope*, acte III, sc. III.

Pour la vigueur et l'originalité de l'hyperbole, aucun prosateur n'a égalé l'irascible Saint-Simon.

« Sa férocité était extrême, et se montrait en tout : « c'était une meule toujours en l'air, et dont ses amis « n'étaient jamais en sûreté. » (*Portrait de M. Le Duc.*) — « Tous les vices combattaient en lui à qui demeure- « rait le maître. Ils y faisaient un bruit et un combat « continuel entre eux. » (*Portrait de Dubois.*)

7° *Litote*. — C'est le contraire de l'hyperbole ; elle atténue la vérité, et dit moins pour faire entendre plus (λιτός, mince, petit). Chimène dit à Rodrigue :

> Va, je ne te hais point. — Tu le dois. — Je ne puis.
>
> *Le Cid*.

On trouve dans La Fontaine, liv. II, fab. XII :

> Pour un pauvre animal,
> Grenouilles, à mon sens, ne raisonnaient point mal.

Le chien emploie avec le loup une figure analogue :

> Qu'est-ce là ? lui dit-il. — Rien. — Quoi rien ? — Peu de chose.
> — Mais encor ? — Le collier dont je suis attaché
> De ce que vous voyez est peut-être la cause.
>
> ID. liv. IX, fab. IX.

Cette espèce de litote, qui signifie réellement moins, prend le nom *d'exténuation*.

8° *Périphrase*. — Elle décrit l'objet au lieu de le nommer, elle le désigne par un détail ou par une qualité (περὶ, φράσις, circonlocution); c'est la monnaie du mot propre. Cette figure, dont on a si souvent abusé par système ou par impuissance, donne au style beaucoup d'élégance et même de force, quand elle est employée à propos, et qu'elle ajoute à la pensée.

« L'amiral où elle était, conduit par la main de celui
« qui domine sur la profondeur de la mer, et qui dompte
« ses flots soulevés, fut repoussé aux ports de la Hol-
« lande. » (*Or. fun. de Henriette de France*, page 33,
note 1.) L'exorde du même discours offre de magnifiques modèles de la même figure. En voici d'un autre
caractère.

> Il aimait les jardins, était prêtre de Flore;
> Il l'était de Pomone encore.
>
> LA FONTAINE, liv. VIII, fab. x.

> Le temps, qui toujours marche, avait pendant deux nuits
> Échancré, selon l'ordinaire,
> De l'astre au front d'argent la face circulaire.
>
> ID. liv. XI, fab. III.

9° *Antithèse.* — Elle oppose directement les idées et les mots, et rend la pensée saisissante par le contraste (ἄντι, τίθημι). Figure brillante, quelquefois sublime, elle est, plus qu'aucune autre, exposée à dégénérer; elle séduit trop l'esprit pour ne pas tourner aisément en abus; aussi les grands écrivains en sont-ils très-sobres.

« Jugez de l'état de ces deux princesses : Henriette,
« d'un si grand cœur, est contrainte de demander du
« secours; Anne, d'un si grand cœur, ne peut en donner
« assez. » (*Or. fun. de Henriette de France*, p. 38.)
— « Incapable d'être ébloui des grandeurs humaines,
« comme il y paraît sans ostentation, il y est vu sans
« envie. » (BOSSUET, *Or. fun. de M. Le Tellier*, p. 217.)

> Qui m'aima généreux me haïrait infâme.
>
> CORNEILLE, *le Cid*, acte III, sc. IV.

> Trop faible pour eux tous, trop fort pour chacun d'eux.
>
> ID. *Horace*, acte IV, sc. II.

> Livre en mes faibles mains ses puissants ennemis.
> Pour réparer des ans l'irréparable outrage.
>
> RACINE, *Athalie*, acte I, sc. II, et acte II, sc. V.

On a justement reproché à Fléchier l'abus de l'antithèse; mais la modestie de Turenne lui en inspire de très-belles: « Il se cache, mais sa réputation le découvre; « il marche sans suite et sans équipage, mais chacun, « dans son esprit, le met sur un char de triomphe. On « compte, en le voyant, les ennemis qu'il a vaincus, non « pas les serviteurs qui le suivent; tout seul qu'il est, on « se figure autour de lui ses vertus et ses victoires qui « l'accompagnent; il y a je ne sais quoi de noble dans « cette honnête simplicité; et moins il est superbe, plus « il devient vénérable. » (*Or. fun. de M. de Turenne*, p. 221, de l'éd. class.)

10° *Comparaison*. — Elle rapproche les objets, comme l'*Antithèse*, mais pour en marquer les ressemblances et non les contrastes. C'est la figure par excellence de la poésie et souvent aussi de l'éloquence. Nous n'en citerons qu'une parmi des milliers :

« Charles-Gustave parut à la Pologne surprise et tra-« hie, comme un lion qui tient sa proie dans ses ongles, « tout prêt à la mettre en pièces. » (*Or. fun. d'Anne de Gonzague*, p. 174.)

La *Comparaison* continuée entre deux hommes illustres prend le nom de *Parallèle*. On sait que les *Vies* de Plutarque sont suivies des parallèles de ses héros. Nous ne pouvons qu'indiquer ici celui où Bossuet compare Turenne et Condé. (*Or. fun. de Louis de Bourbon*, p. 331.)

11° *Allusion*. — Elle rappelle le souvenir d'un objet analogue à l'idée exprimée; elle le ramène indirectement, sans s'y arrêter, et comme en se jouant (*alludere.*) L'Allusion, comme l'Antithèse et la Comparaison, procède par rapprochement et par analogie.

« On dirait qu'il va combattre des rois confédérés

« avec sa seule maison, comme un autre Abraham ; que
« ceux qui le suivent sont ses soldats et ses domestiques,
« et qu'il est général et père de famille tout ensemble. »
(FLÉCHIER, *Or, fun. de Turenne*, p. 113, note 4.)

> Le mets ne lui plut pas : il s'attendait à mieux,
>> Et montrait un goût dédaigneux
>> Comme le rat du bon Horace.
>>> LA FONTAINE, liv. VII, fab. IV.

L'allusion ne doit pas être recherchée ni trop savante ;
elle devient alors obscure.

« Pendant que la Cour réduisait Bordeaux, et que
« Gaston, laissé à Paris pour le maintenir dans le de-
« voir, était entouré de mauvais conseils, Le Tellier fut
« le Chusaï qui les confondit, et qui assura la victoire à
« l'oint du Seigneur. » (*Or. fun. de M. Le Tellier*,
p. 238, note 1.)

Les figures de pensée qui nous restent à passer en
revue appartiennent surtout à l'art oratoire.

12° *Prolepse.* — Elle s'empare de l'objection pour la
réfuter d'avance (πρὸ λαμϐάνω).

« Quoi donc ? n'y a-t-il point de valeur et de généro-
« sité chrétienne ? L'Écriture, qui commande de sanc-
« tifier les guerres, ne nous apprend-elle pas que la
« piété n'est pas incompatible avec les armes ? Viens-je
« condamner une profession que la religion ne con-
« damne pas, quand on en sait modérer la violence ?
« Non, Messieurs ; je sais que ce n'est pas en vain que
« les princes portent l'épée, etc. » (FLÉCHIER, *Or. fun.
de Turenne*, p. 106.)

13° *Suspension.* — Elle arrête l'expression de l'idée,
et la fait désirer pour la rendre plus saisissante.

« Aussi avait-il pour maxime : écoutez, c'est la maxime
« qui fait les grands hommes, que, dans les grandes
« actions, il faut uniquement songer à bien faire, et
« laisser venir la gloire après la vertu. » (*Or. fun. de
Condé*, p. 304.)

14° *Réticence*. — Elle interrompt l'expression que la *suspension* se contente de retarder; elle rend l'idée plus forte, en la faisant deviner.

> Je devrais sur l'autel où ta main sacrifie
> Te... mais du prix qu'on m'offre il faut me contenter.
>> RACINE, *Athalie*, acte V, sc. v.

15° *Prétérition*. — Elle exprime les idées ou les faits en affectant de les omettre. C'est une figure d'un emploi difficile; l'art et l'intention s'y dissimulent rarement.

« Je pourrais, Messieurs, vous montrer vers les bords « du Rhin autant de trophées que sur les bords de l'Es- « caut et de la Sambre. Je pourrais vous décrire des ba- « tailles gagnées, etc. » FLÉCHIER, *Or. fun. de Turenne*, p. 104, de l'édit. class. Voir tout ce passage, qui n'est qu'une longue prétérition.)

> Je pourrais ajouter aux intérêts de Rome
> Combien un pareil coup est indigne d'un homme,
> Je pourrais demander qu'on mît devant vos yeux
> Ce grand et rare exploit d'un bras victorieux, etc.
>> CORNEILLE, *Horace*, acte IV, sc. ii.

> Je ne vous dirai point combien j'ai résisté :
> Croyez-en cet amour par vous-même attesté.
>> RACINE, *Iphigénie*, acte IV, sc. iv.

16° *Correction* (ou *Epanorthose*, Ἐπὶ, ἀνορθόω, redres- ser.) — Elle revient sur l'idée exprimée, et la rétracte ou la modifie, au moins en apparence.

« On en gémit, on en pleure; voilà ce que peut la « terre pour une reine si chérie; voilà ce que nous avons à « lui donner, des pleurs, des cris inutiles. Je me trompe, « nous avons encore des prières; nous avons ce saint « sacrifice, rafraîchissement de nos peines, expiation de « nos ignorances et du reste de nos péchés. » (BOSSUET, *Or. fun. de Marie-Thérèse*, p. 147.) On trouvera encore un magnifique exemple de *correction* dans l'exorde de l'*Or. fun. de Henriette d'Angleterre*, p. 51, note 2.

17° *Concession*. — Elle accorde à la partie adverse

ses assertions, mais pour en tirer avantage contre elle.
C'est une figure qui appartient surtout à la discussion.

« J'avoue, disait Mentor, que les Manduriens ont
« sujet de se plaindre et de me demander quelque répa-
« ration des torts qu'ils ont soufferts ; mais il n'est pas
« juste aussi que les Grecs, qui font sur cette côte des
« colonies, soient suspects et odieux aux anciens peuples
« du pays. » (*Télémaque*, liv. ix, p. 195, de l'éd. class.;
annotée par M. Colincamp.)

> Je veux que la valeur de ses aïeux antiques,
> Ait fourni de matière aux plus vieilles chroniques,
> Et que l'un des Capets, pour honorer leur nom
> Ait de trois fleurs de lis doté leur écusson.
> Que sert ce vain amas d'une inutile gloire, etc.
>
> BOILEAU, *Satire* V, v. 9, p. 39 de l'édit. classique.

Nous terminons ici cette revue des figures de pensée.
On pouvait en allonger la liste ; mais les autres figures
de détail sont plutôt des curiosités d'analyse que des
procédés sérieux de style. Nous nous sommes borné aux
plus importantes et aux plus utiles, aussi bien que pour
les figures de mots.

II° *Figures de mots*. — Il faut distinguer, dans cette
seconde classe, les figures de grammaire, les figures de
construction, et les figures de sens, que l'on appelle
tropes, parce qu'elles changent et transforment le sens
des mots (τρέπω, tourner).

1° *Figures de grammaire*. — Elles appartiennent plus
aux langues anciennes qu'au français. Notre langue cependant offre des exemples, dans les dialectes provinciaux, dans les locutions populaires ou anciennes, et
dans les transformations qu'elles ont subies.

La *Syncope* retranche une syllabe au milieu d'un mot
(σὺν, κόπτω). *Servárunt* pour *servaverunt*, *lairrons* pour
laisserons, *larcin* pour *larrecin*.

L'*Apocope* (ἀπὸ, κόπτω) en retranche une ou plusieurs

à la fin du mot, *ru* pour *ruisseau*. Un poëte du XVIᵉ siècle, Jacques de la Taille, en a fait un singulier usage ; on rapporte à Alexandre les dernières paroles de Darius :

Ma mère et mes enfants aye en recommanda...
Il ne put achever, car la mort l'engarda (l'empêcha).

La *Paragoge* ajoute au contraire une syllabe à la fin d'un mot (παρά, ἄγω). *Potestur, imitarier* (Lucrèce). *Avecques, doncques.*

La *Crase* réunit deux syllabes en une (κρᾶσις, mélange, contraction). *Venientúm, Deúm. Contrôlé* pour *contre-roollé, âge* pour *aage.*

La *Diérèse* divise une syllabe contractée (διά, αἱρέω). *Auraï, vitaï* pour *auræ, vitæ.*

La *Tmèse* coupe en deux parties un mot composé (τέμνω). *Septem* subjecta *trioni.* (VIRG., *Georg.* III, p. 381.) Cette figure appartient aux langues anciennes.

2° Figures de construction. — Ces figures se rapportent à la grammaire, puisqu'elles en modifient les règles ; mais elles ajoutent souvent beaucoup à la beauté du style.

L'*Ellipse* supprime une partie des mots, pour rendre l'expression plus vive (ἐν. λείπω, faire défaut).

« La justice passe du prince dans les magistrats, et « du trône elle se répand sur les tribunaux. *C'est dans* « *le règne d'Ezéchias le modèle de nos jours.* » (BOSSUET, *Or. fun. de M. Le Tellier*, p. 250, note 6.)

Nos amis ont grand tort, et tort qui se repose
Sur de tels paresseux, à servir ainsi lents.
LA FONTAINE, liv. IV, fab. XXII.

Et, pleurés du vieillard, il grava sur leur marbre
Ce que je viens de raconter.
ID. liv. XI, fab. IX.

La *Syllepse* substitue l'accord logique à l'accord grammatical (σύν, λαμβάνω, réunir deux idées).

« Quand en a trouvé le moyen de prendre la multitude « par l'appât de la liberté, elle suit en aveugle, pourvu

« qu'elle en entende seulement le nom. *Ceux-ci, occu-*
« *pés du premier objet qui les avait transportés, al-*
« *laient toujours sans regarder qu'ils allaient à la ser-*
« *vitude.* » (BOSSUET, *Or. fun. de Henriette de France*,
p. 29).

On connaît les belles syllepses de Racine :

> Entre le pauvre et vous, vous prendrez Dieu pour juge,
> Vous souvenant, mon fils, que caché sous ce lin,
> Comme *eux* vous fûtes pauvre, et comme eux orphelin.
>
> *Athalie*, acte IV, sc. III.

> On ne voit point le peuple à mon nom s'alarmer,
> Le ciel dans tous *leurs* pleurs ne m'entend point nommer,
> *Leur* sombre inimitié ne fuit point mon visage.
>
> *Britannicus*, acte IV, sc. III.

L'*Anacoluthe* interrompt la construction régulière de
la phrase (ἀν, ἀκόλουθος, défaut de suite).

« Après s'être sauvée des flots, une autre tempête lui
« fut presque fatale. » (*Or. fun. de Henriette de France*,
p. 33.)

« ..... Averti qu'il fallait écrire et ordonner dans les
« formes : Quand je devrais, Monseigneur, renouveler
« vos douleurs et rouvrir toutes les plaies de votre cœur,
« je ne tairai pas ces paroles qu'il répéta si souvent,
« qu'il vous connaissait, etc. » (*Or. fun. de Louis de
Bourbon*, p. 346, note 7.)

L'*Hyperbate* ou inversion, renverse l'ordre des mots
(ὑπέρ, βαίνω).

« Restait cette redoutable infanterie de l'armée d'Es-
« pagne. (*Ibid.*, p. 301.)

« Sache la postérité, si le nom d'un si grand ministre
« fait aller mon discours jusqu'à elle, que j'ai moi-même
« entendu ces saintes réponses. » (*Or. fun. de M. Le
Tellier*, p. 254, note 1.)

> Dans son sang inhumain les chiens désaltérés,
> Et de son corps hideux les membres déchirés !
> Des prophètes menteurs la foule confondue.
>
> *Athalie*, acte I, sc. I.

L'Enallage (ἐν, ἀλλάσσω, changer) substitue un temps à un autre. Un critique [1] a rapporté spirituellement à cette figure des vers bien connus de La Fontaine.

> Le renard sera bien habile
> S'il ne m'en laisse assez pour avoir un cochon.
> Le porc à s'engraisser coûtera peu de son.
> Il *était*, quand je l'*eus*, de grosseur raisonnable :
> J'aurai, le revendant, de l'argent bel et bon ;
> Et qui m'empêchera de mettre en notre étable,
> Vu le prix dont il *est*, une vache et son veau ?
>
> LA FONTAINE, liv. III, fab. x.

Ajoutons, pour mémoire, et parmi beaucoup d'autres figures, la *Disjonction*, qui supprime les liaisons, les articles, les particules.

> Le loup est l'ennemi commun,
> Chiens, chasseurs, villageois s'assemblent pour sa perte.
>
> LA FONTAINE, liv. X, fab. vi.

La *Conjonction*, qui les multiplie :

> Je deviens parricide, assassin, sacrilége :
> Pour qui ? Pour une ingrate à qui je le promets,
> Qui même, s'il ne meurt, ne me verra jamais,
> Dont j'épouse la rage ! Et quand je l'ai servie,
> Elle me redemande et son sang et sa vie !
>
> RACINE, *Andromaque*, acte V, sc. iv.

La *Répétition*, qui redouble les mots aussi bien que les idées :

« Là on expie ses péchés, là on épure ses intentions, « là on transporte ses désirs de la terre au ciel ; là on « perd tout le goût du monde, et on cesse de s'appuyer « sur soi-même et sur sa prudence. » (*Or. fun. de Henriette de France*, p. 42.)

La *Gradation* ou *Progression*, qui dispose les mots suivant leur force relative :

> Presse, pleure, gémis : peins-lui Phèdre mourante.
>
> RACINE, *Phédre*, acte III, sc. ii.

---

1. M. Géruzez, *Cours de littérature*, page 145.

« Vous croyez donc qu'un royaume est un remède
« universel à tous les maux, un baume qui les adoucit,
« un charme qui les enchante ? » (Bossuet, *Or. fun. de
Marie-Thérèse*, p. 130.)

L'*Apposition*, qui emploie les substantifs comme épithètes :

« Des titres, des inscriptions, vaine marque de ce qui
n'est plus. » (Bossuet, *Or. fun. de Louis de Bourbon*,
p. 356.)

> Un jeune lis, l'amour de la nature.
>
> (*Athalie*, IIe chœur.)

Les autres figures que nous laissons de côté se rattachent à celles que nous avons passées en revue.

3° *Figures de sens* ou *Tropes*. — Les *Tropes*, avons-
nous dit, tournent et transforment le sens propre et premier des mots (τρέπω). Les regards *étincelants*, le *feu*
du courage, le *fruit* du crime, les *traits* du céleste
courroux, mille autres locutions semblables, les unes
rares et brillantes, les autres fréquentes et familières,
appartiennent aux diverses familles des *Tropes*.

Aristote réduisait tous les tropes à la métaphore.
(*Ista omnia translationes vocat.* Cic. *Orator*, XXVII.)
La métaphore est en effet le premier de tous, et celui
d'où les autres dérivent. Le principe du raisonnement
est toujours le même : il n'y a que les usages particuliers
qui varient.

On peut cependant, pour rendre l'étude des tropes
plus facile, les diviser en deux grandes classes : les
Métaphores et les *Métonymies*, où se ramènent aisément
toutes les variétés distinguées par les rhéteurs.

1° *Métaphore*. — (μετὰ φέρω.) « C'est, dit Aristote, un
« transport d'un nom qu'on tire de sa signification ordi-
« naire. » (*Poét.* XXI, trad. de Dacier.) En effet, elle
change le sens, et *transporte* l'application d'un mot,

par une comparaison abrégée et réduite à un seul terme.

Bossuet dit de Henriette d'Angleterre : « Madame a « passé du matin au soir, comme l'herbe des champs. » (*Or. fun.*, p. 66, note 4.) Dans l'*Or. funèbre de Marie-Thérèse*, en rappelant la mort du duc d'Anjou, second fils de cette princesse, il emploie la même image, avec une figure différente : « Il me semble que je vois encore « tomber cette fleur. » (P. 131, note 6.) Voilà la différence de la comparaison et de la métaphore. — La comparaison se fait avec trois termes, le signe, l'objet auquel on le compare, et le signe de la comparaison. La métaphore supprime le sujet et le signe, pour donner plus de vivacité au style : « Le grand prince ne put voir égorger « ces lions comme de timides brebis. » (*Or. fun. de Condé*, p. 302.)

> De l'absolu pouvoir vous ignorez *l'ivresse*.
>
> RACINE.

> *Tigre* altéré de sang, Décie impitoyable.
>
> CORNEILLE.

> Au travers de son *masque* on voit à plein le traître.
>
> MOLIÈRE.

> La Mort ravit tout sans pudeur ;
> Un jour le monde entier accroîtra sa *richesse*.
>
> LA FONTAINE, liv. VIII, fab. I.

La poésie, l'éloquence, la conversation même, font un perpétuel usage de la métaphore, le plus riche et le plus varié de tous les tropes. Souvent il se réduit à une image :

> Il faut *fléchir* au temps sans obstination.
>
> MOLIÈRE.

> Ce flegme pourra-t-il ne *s'échauffer* de rien ?
>
> ID.

> Quand Dieu par plus *d'éclat* montra-t-il son pouvoir ?
>
> RACINE.

L'effet de l'image est de rendre les objets sensibles à

l'esprit, et de donner la couleur et le mouvement même aux abstractions.

La suite et l'analogie sont une règle rigoureuse des métaphores et des images. Allier des objets et des termes incohérents, c'est une faute choquante de raison et de goût. L'Académie avait raison de reprocher ce vers du *Cid* à Corneille :

Malgré des *feux* si beaux qui *rompent* ma colère.

Le seul instinct d'un esprit cultivé doit suffire à conserver l'analogie du langage, comme dans ces excellents exemples :

« C'est là qu'on découvre que le lustre qui vient de la « flatterie est superficiel, et que les fausses couleurs, « quelque industrieusement qu'on les applique, ne tien- « nent pas. » (*Or. fun. de Henriette d'Angleterre*, p. 58, note 1.)

« On se couronne de ses propres mains; on se dresse « un triomphe secret à soi-même; on regarde comme « son propre bien les lauriers qu'on cueille avec peine, « et qu'on arrose souvent de son sang. » FLÉCHIER, *Or. fun. de Turenne*, p. 135 de l'éd. class.)

Aujourd'hui, vieux lion, je suis doux et traitable.
Je n'arme point contre eux mes ongles émoussés.
BOILEAU, Ép. V, p. 123 de l'édit. classique.

Ce breuvage vanté par le peuple rimeur,
Le nectar que l'on sert aux maîtres du tonnerre,
Et dont nous enivrons tous les dieux de la terre,
C'est la louange, Iris. Vous ne a goûtez point.
LA FONTAINE, liv. X, fab. 1.

Variétés de la métaphore : 1° *Allégorie.* — L'allégorie est une métaphore développée (ἄλλος, ἀγορεύω, exprimer l'idée sous une autre forme), *quum fluxerunt plures continuæ translationes, alia plane fit oratio.* Cic. *Orat.*, XXVII).

« Le glaive qui a tranché les jours de la reine est en-
« core levé sur nos têtes : nos péchés en ont affilé le
« tranchant fatal. » « Le glaive que je tiens en main, dit
« le Seigneur notre Dieu, est aiguisé et poli : il est ai-
« guisé, afin qu'il perce ; il est poli et limé, afin qu'il
« brille. » Tout l'univers en voit le brillant éclat.
« Glaive du Seigneur ! quel coup vous venez de faire !
« Toute la terre en est étonnée. Mais que nous sert ce
« brillant qui nous étonne, si nous ne prévenons le coup
« qui nous tranche ? (*Or. funèbre de Marie-Thérèse*,
p. 151.)

Nous avons cité, parmi les exemples de périodes, la
belle allégorie par laquelle commence le *Sermon sur
l'unité de l'Église*. Le portrait que Fléchier a tracé de
Turenne sous le nom de Judas Machabée se rapporte à
la même figure.

Souvent l'allégorie sous-entend et laisse deviner le
sens propre de la figure, sans exprimer ni indiquer au-
cunement le *sujet* de la comparaison. Telle est la qua-
torzième ode du 1er livre d'Horace, où le poète s'adresse
à un navire qui va braver de nouveaux orages, et cherche à le retenir au port. Ce navire, c'est Rome.

> O navis, referent in mare te novi
> Fluctus ? ô quid agis ?

2° *Catachrèse.* — La catachrèse est une extension
abusive du sens propre des mots (κατά, χρῆσθαι). Ainsi,
l'on dit par abus : un cheval *ferré* d'argent ; la *feuille*
de métal battu ; *à cheval* sur un bâton, etc. Au lieu de
créer des mots pour désigner des objets nouveaux, on
emploie ceux qui désignent des objets analogues et
qu'on a sous la main ; le sens se développe et s'étend
pour l'agrément ou pour la convenance du style. (*Abu-
timur verbis propinquis, si opus est, vel quod delectat,
vel quod decet. Cic. Orator, XXVII.*)

II. *Métonymie.* — La *Métonymie* est la substitution

d'un nom à un autre (μετά, ὄνομα). Elle consiste à prendre :

La cause pour l'effet : ainsi, *Cérès* pour le blé; *Bacchus* pour le vin; la *plume*, le *pinceau*, pour les écrits et la peinture; un *Raphaël*, un *Titien*, pour un tableau de Titien ou de Raphaël, etc.

> *Mars* détruisit le lieu que nos gens habitaient.
> > LA FONTAINE, liv. VIII, fab. x.

> Le voyageur arrive
> En un certain canton, où *Téthys*, sur la rive
> Avait laissé mainte huître.
> > ID. liv. VII, fab. IX.

L'effet pour la cause : ainsi, la *pâle* mort, les *pâles* alarmes, etc.

> La *vengeance* à la main, l'œil ardent de colère.
> > *Polyeucte*, acte I, sc. III.

> Mais, si vous estimez ce *généreux* devoir,
> > *Ibid.* acte II, sc. II.

> Qu'à la *fureur du glaive* on le livre avec elle.
> > *Athalie*, acte V, sc. VII.

Le contenant pour le contenu : ainsi, la *bouteille* pour le vin, la *table*, le *théâtre*, etc.

> « L'*Empire* et la *Hollande* se remuent contre un con-
> « quérant qui menaçait tout le *Nord* de la servitude. »
> (*Or. fun. d'Anne de Gonzague*, p. 276 de l'éd. class.)

> *Rome*, sur les autels prodiguant les victimes,
> Fussent-ils innocents, leur trouvera des crimes.
> > *Britannicus.*

> *Citeaux* dormait encore : et *la Sainte-Chapelle*
> Conservait du vieux temps l'oisiveté fidèle.
> > *Le Lutrin*, chant II, v. 125, p. 289.

> La *cage* et le *panier* avaient mêmes *pénates*.
> > LA FONTAINE, liv. XII, fab. II.

Le signe pour la chose signifiée :

> Jusqu'ici la Fortune et la Victoire mêmes
> Cachaient *mes cheveux blancs* sous *trente diadèmes*.
> > *Mithridate*, acte III, sc. V.

Elle porta chez lui ses *pénates*, un jour.

> LA FONTAINE, liv. VII, fab. XVI.

A la fin j'ai quitté la *robe* pour l'*épée*.

> *Le Menteur*, act. I, sc. I.

J'ai vu dans le Palais une *robe* mal mise
Gagner gros ....

> LA FONTAINE, liv. VII, fab. XV.

Le possesseur, le patron d'un objet, le chef d'une famille, pour la famille et pour l'objet. — Virgile a dit : Déjà brûle Ucalégon (*jam proximus ardet Ucalegon*), et Racine :

> *David, David* triomphe   *Achab* seul est détruit.
>
> *Athalie*, acte V, sc. V.

L'abstrait pour le concret :

De quel front cependant faut-il que je confesse
Que ton *effronterie* a surpris ma *vieillesse?*

> *Le Menteur*, acte V, sc. II.

Votre bonté, Madame, avec sécurité,
Pouvait se reposer sur *ma sincérité.*

> *Britannicus*, acte IV, sc. II.

Du vieux père d'Hector *la valeur abattue,*
Aux pieds de sa famille expirante à sa vue.

> *Andromaque*, acte IV, sc. V.

Le concret pour l'abstrait :

« La *maison* de France garda son rang sur celle d'Au- « triche jusque dans Bruxelles. » *Or. fun. de Louis de Bourbon,* p. 313.

Éloigné du malheur qui m'opprime
Votre *cœur* aisément se montre magnanime.

> *Iphigénie*, acte I, sc. III.

Vous vous êtes servi de ma *funeste main*
Pour mettre à votre fils un poignard dans le sein.

> *Mithridate*, acte IV, sc. IV.

Variétés de la Métonymie. — 1° Synecdoque. — Cette figure, assez usitée pour qu'on en fasse quelquefois une classe à part, n'est qu'une métonymie où l'on fait entrer tantôt plus, tantôt moins que le sens propre du mot (σὺν, ἐκ, δέχομαι, recevoir, introduire). Elle prend :

Le genre pour l'espèce (et plus rarement l'espèce pour le genre).

> O dieux hospitaliers! que vois-je ici paraître?
> Dit l'*animal* chassé du paternel logis.
>
> LA FONTAINE, liv. VII, fab. XVI.

> La *volatile* malheureuse.
>
> ID. liv. IX, fab. II.

Buffon conseille l'emploi de cette figure, quand il recommande à l'écrivain *l'attention à ne nommer les choses que par les termes les plus généraux.* (*Disc. sur le style*, p. 8 de l'éd. classique annotée par M. Hémardinquer.)

La partie pour le tout, et quelquefois le tout pour la partie : trente *voiles*, cent *feux*, mille *chevaux*.

« Tout ce que peuvent donner de plus glorieux la « naissance et la fortune accumulée sur une seule « *tête*, etc. » (*Or. fun. de Henriette de France*, p. 5.)

> Là, depuis trente *hivers*, un hibou retiré.
>
> BOILEAU, *Le Lutrin*, chant III, v. 11, p. 291.

> Fouler aux pieds l'orgueil et du *Tage* et du *Tibre*.
>
> ID. *Discours au Roi*, v. 121, p. 7.

Le nombre déterminé pour le nombre incertain, le singulier pour le pluriel :

> Vous savez, et Calchas vous l'a *mille* fois dit.
>
> *Iphigénie*, acte IV, sc. IV.

« En même temps, la Pologne se voit ravagée par le « rebelle Cosaque, par le Moscovite infidèle, et plus « encore par le Tartare, qu'elle appelle à son secours « dans son désespoir. » (*Or. fun. d'Anne de Gonzague*, p. 173).

La matière pour l'objet qui en est fait :

> Tendre au *fer* de Calchas une tête innocente.
>
> *Iphigénie*, acte IV, sc. IV.

> Mais *l'airain* menaçant frémit de toutes parts.
>
> *Athalie*, acte IV, sc. IV.

2° *Antonomase*. — Ce trope est encore une substitution de nom : (ἄντι, ὄνομα). Il consiste à prendre :

Le nom commun pour le nom propre (et de même le nom patronymique, le nom de famille, le terme qui désigne une qualité essentielle, etc.).

Le *Parthe* vous recherche et vous demande un gendre.
> *Mithridate*, acte III, sc. I.

De l'autre, l'on verra *le fils d'Enobarbus*.
> *Britannicus*, acte IV, sc. I.

Ton cœur impatient de revoir ta *Troyenne*.
> *Andromaque*, acte IV, sc. IV.

« Un chrétien, toujours attentif à combattre ses passions, meurt tous les jours avec *l'Apôtre*. » (*Or. fun. de Marie-Thérèse*, p. 145.) Bossuet désigne souvent ainsi saint Paul, l'apôtre par excellence.

L'antonomase prend aussi le nom propre pour un nom commun par une transposition très-élégante et très-usitée.

« C'est alors que les impies *Salmonées* osent imiter le
« tonnerre de Dieu, et répondre par les foudres de la
« terre aux foudres du ciel. C'est alors que les sacriléges
« *Antiochus* n'adorent que leurs bras et leurs cœurs, et
« que les insolents *Pharaons*, enflés de leur puissance,
« s'écrient : C'est moi qui me suis fait moi-même. »
Mascaron, *Or. fun. de Turenne*. Voy. l'édit. class. de Fléchier, p. 136, note 2.)

Mais, sans un *Mécénas*, à quoi sert un *Auguste?*
> Boileau, *Satire* I, v. 86, p. 13.

Citons encore, comme utiles à connaître, *l'Antiphrase*, qui exprime une idée par son contraire (ἄντι, φράζω). Ainsi les *Euménides* (déesses bienfaisantes), pour *les Furies*; Grippeminaud *le bon apôtre*, etc.), — et *l'Euphémisme* (εὐ, φημί) qui adoucit l'expression d'une idée fâcheuse. On connaît le célèbre euphémisme de Cicéron annonçant au peuple la mort des complices de Catilina : *Ils ont vécu*[1]. Au reste, ce trope se rapporte à la figure de pensée appelée *Litote*, dont nous avons parlé plus haut.

On voit, par ces études sommaires de littérature, de composition et de style, quelle utilité pratique et journalière se peut retirer de la rhétorique. Les exemples de tous les grands maîtres de notre langue nous ont familiarisés avec les secrets de l'art, et avec cette langue technique dont on se fait souvent une peur puérile. On retrouve d'ailleurs à chaque pas dans la conversation et la vie commune, les procédés, les formes, les figures employées par les écrivains les plus sublimes et les plus habiles. Puisse donc ce travail, malgré ses imperfections, aider nos élèves à goûter ces belles études de l'intelligence humaine et de la langue nationale ! Il a été fait avec eux et pour eux.

[1]. « Parce que cette syllabe frappoit trop rudement leurs aureilles, et que cette « voix leur sembloit malencontreuse, les Romains avoient apprins de l'amollir ou « de l'estendre en périphrases : au lieu de dire, il est mort : « Il a cessé de vivre, « disent-ils, il a vescu : » pourveu que ce soit vie, soit-elle passée, ils se conso-« lent. Nous en avons emprunté *nostre feu maistre Iehan.* »

(MONTAIGNE, *Essais*, I, XIX.)

FIN.

TABLE DES MATIÈRES

QUESTIONS DU PROGRAMME

AVEC LE RENVOI AUX PAGES DE CE VOLUME
OU ELLES SONT TRAITÉES.

1. En quoi la poésie diffère de la versification, et quelles sont les principales formes de vers en latin et en français................................ 7-11 et 11-16.
2. Des principaux genres de poésie et de leurs divers caractères................................ 16-24.
3. Des genres de prose et de leurs caractères différents................................ 24-31.
4. De l'art oratoire ou rhétorique................ 31-35.
   Des diverses parties de la rhétorique.......... 35-57.
5. Des diverses parties du discours.............. 57-76.
6. Quelles sont, parmi les parties de l'art oratoire, celles qui s'appliquent à toute composition........ 76-85.
7. Quelles sont les qualités générales du style, et, parmi ces qualités, celles qui distinguent plus particulièrement les chefs-d'œuvre de la prose française. 85-112 et 112-122.
8. Des principales figures de pensées et des mots. 122-136 et 136-148.

TABLE ANALYTIQUE

DES MATIÈRES.

A.

	Pages.
ACCIDENTELS (erreur des faits)	73
ACTION oratoire. Définition	37
ALLÉGORIE	142
ALLUSION	133
AMPLIFICATION. Définition et règles	68
— Son utilité	80
ANACOLUTHE	138
ANTIPHRASE	147
ANTITHÈSE	132
ANTONOMASE	147
APOLOGUE. Sa définition	23
APOSTROPHE	126
APPOSITION	140
ARGUMENTS. Leurs diverses formes	38
— secondaires	41

C.

CATACHRÈSE	143
CAUSE (erreur sur la)	72
CIRCONSTANCES. Définition	44
CLARTÉ. Ce que c'est	87
COMÉDIE. Sa définition	21
COMMUNS (lieux). Définition et division	42
— Leur utilité	46
CONCESSION	135

Pages.

COMPARAISON (lieux communs).................... 45
—   Figure de pensées.................... 133
CONCISION. Sa définition.......................... 91
CONFIRMATION. Ses règles......................... 66
CONTRAIRES. Définition............................ 45
CORRECTION. Sa définition......................... 92
—   (Figure)........................... 135
CRITIQUE. Sa définition........................... 31
COUPÉ (style). Ce que c'est....................... 106

D.

DÉFINITION (lieux communs)....................... 43
DÉLIBÉRATIF (genre).............................. 27
DÉMONSTRATIF (genre)............................. 27
DIDACTIQUE (poésie.) Caractères et divisions........ 22
DILEMME. Sa définition........................... 40
DISJONCTION..................................... 139
DISPOSITION. Sa définition........................ 35
—   Ses règles......................... 57
—   Ses applications.................... 79
DIVISION. Ce que c'est............................ 62
DRAMATIQUE (poésie). Définition et divisions........ 20

E.

ELLIPSE.. 137
ENALLAGE.. 139
ENTHYMÈME. Sa définition........................ 39
ÉLÉGIE. Sa définition............................. 24
ÉLOCUTION. Sa définition......................... 35
—   Son usage......................... 81
ÉLOQUENCE. Définition et divisions................ 26
ÉPICHÉRÈME. Sa définition........................ 40
ÉPIQUE (poésie). Définition et caractères............ 19
ÉPISTOLAIRE (genre)............................. 31

Pages.

ÉPITRE. Sa définition................................... 23
ÉQUIVOQUE. Sa définition.............................. 73
EXCLAMATION.. 128
EXORDE. Ses règles.................................... 58
EXTRINSÈQUES (lieux communs).................... 43
—   Leur définition....................... *Ib.*
EUPHÉMISME.. 147

F.

FIGURES. Leur définition............................. 122
—   Division des figures..................... 124
—   De pensées............................. 126
—   De mots................................ 136
FIGURES de grammaire............................... *Ib.*
—   de construction......................... 137
—   de sens, ou Tropes..................... 140

G.

GENRE et espèce. Définition.......................... 44
GENRES. Leur définition............................. 16
GENRES secondaires de la poésie. Énumération et caractères..................................... 23
GENRES secondaires de la prose..................... 30
GENRES de l'éloquence............................... 26
GENRES du style..................................... 110
GRADATION... 139

H.

HARMONIE. Ses caractères........................... 100
—   des mots............................... *Ib.*
—   des phrases............................ 102
—   imitative.............................. 108
HISTOIRE. Sa définition, ses règles, ses divisions..... 28
HYPERBATE... 138

Pages.
Hyperbole. 131
Hypotypose. 129

I.

Imprécation. 127
Interrogation. 126
Intrinsèques (lieux communs). Leur définition. . . . 43
Invention. Sa définition. 35
—   Ses divisions. 38
—   Ses applications. 76
Ironie. 130

J.

Judiciaire (genre). 27

L.

Litote. 131
Lyrique (poésie). Définition et caractères. 17

M.

Mémoire. 37
Métaphore. Sa définition. 140
—   Ses variétés. 141
Métonymie. Sa définition. 143
—   Ses variétés. 144
Modestie. Sa définition. 52
Mœurs. Ce que c'est. 49
—   réelles et oratoires. . . . . *Ib.*
—   Leur division. 52

N.

Naïveté. Ce que c'est. 97
Narration. Ses règles. 63
—   Trois sortes de narration. 64

Pages.

NATUREL. Ce que c'est........................... 95
NOBLESSE. Ce que c'est........................... 97

O.

ODE. Sa définition............................... 18
ONOMATOPÉE. Ce que c'est......................... 109
ORIGINALITÉ de la prose française................. 114

P.

PARALOGISME. 70
PARTIES du discours.............................. 57
PARTIES (énumération des)........................ 43
PASSIONS. Définition et règles................... 54
PASTORALE (poésie). Sa définition................ 23
PÉRIODE. Définition et règles................... 102
PÉRIPHRASE...................................... 131
PÉRORAISON. Ses règles........................... 75
PHILOSOPHIE. Sa définition....................... 30
PLAISANTERIE. Son usage.......................... 74
POÉSIE. Sa définition, ses caractères 7
POÉTIQUE (art). Sa définition.................... 17
POÉTIQUES (genres). V. Lyrique, etc.
POÉTIQUE (langue). Ses caractères................ Ib.
PRÉCISION. Sa définition......................... 90
PRÉTÉRITION.................................... 135
PREUVES. Définition et division.................. 38
—   Leur ordre................................ 67
PRINCIPES (pétition de).......................... 71
PROBITÉ.. 52
PROLEPSE....................................... 134
PROPOSITION (partie du discours)................. 62
—   (expression de la pensée)............... 102
PROPRIÉTÉ. Définition............................ 89
PROSE. Définition et caractère................... 24

Pages.

— Prose de la science et prose littéraire......... 25
— Genres principaux..................... 26
— française; qualités qui la caractérisent; son histoire au xviie siècle................... 116
— au xviiie siècle........................ 120
Prosopopée........................... 127
Prudence. Sa définition.................. 53
Pureté. Sa définition.................... 94

R.

Réfutation. Ses règles.................. 69
Règles (utilité des)................... 81
Répétition........................... 139
Répugnent (choses qui). Ce que c'est....... 46
Réticence............................ 135
Rhétorique. Sa définition................ 31
— Son utilité................... 32
— Ses divisions................ 35
Rime. Définition et règles............... 11
Roman. Sa définition.................. 31

S.

Satire. Sa définition.................. 23
Simple (genre ou style). 111
Sophismes. Définition et divers genres...... 70
Sorite. Sa définition.................. 41
Style. Définition et qualités............ 85
Sublime (genre ou style)............... 111
Sujet (ignorance du). Ce que c'est......... 70
Suspension........................... 134
Syllepse............................ 137
Syllogisme. Sa définition et ses règles...... 38
Synecdoque.......................... 145

Pages.

T.

TEMPÉRÉ (genre ou style)......................... 112
TRAGÉDIE. Sa définition......................... 21
TROPES. Définition et division..................... 140

V.

VERS. Leurs principales formes en latin et en français. 11
VERSIFICATION. Sa définition...................... 9
VICIEUX (cercle). Ce que c'est..................... 71

ERRATUM.

Page 71, ligne 3, au lieu de : *Quisiti propositæ*, lisez : *Quæsiti propositi.*

PARIS. — IMPRIMERIE J. CLAYE ET Cᵉ, RUE SAINT-BENOIT, 7.

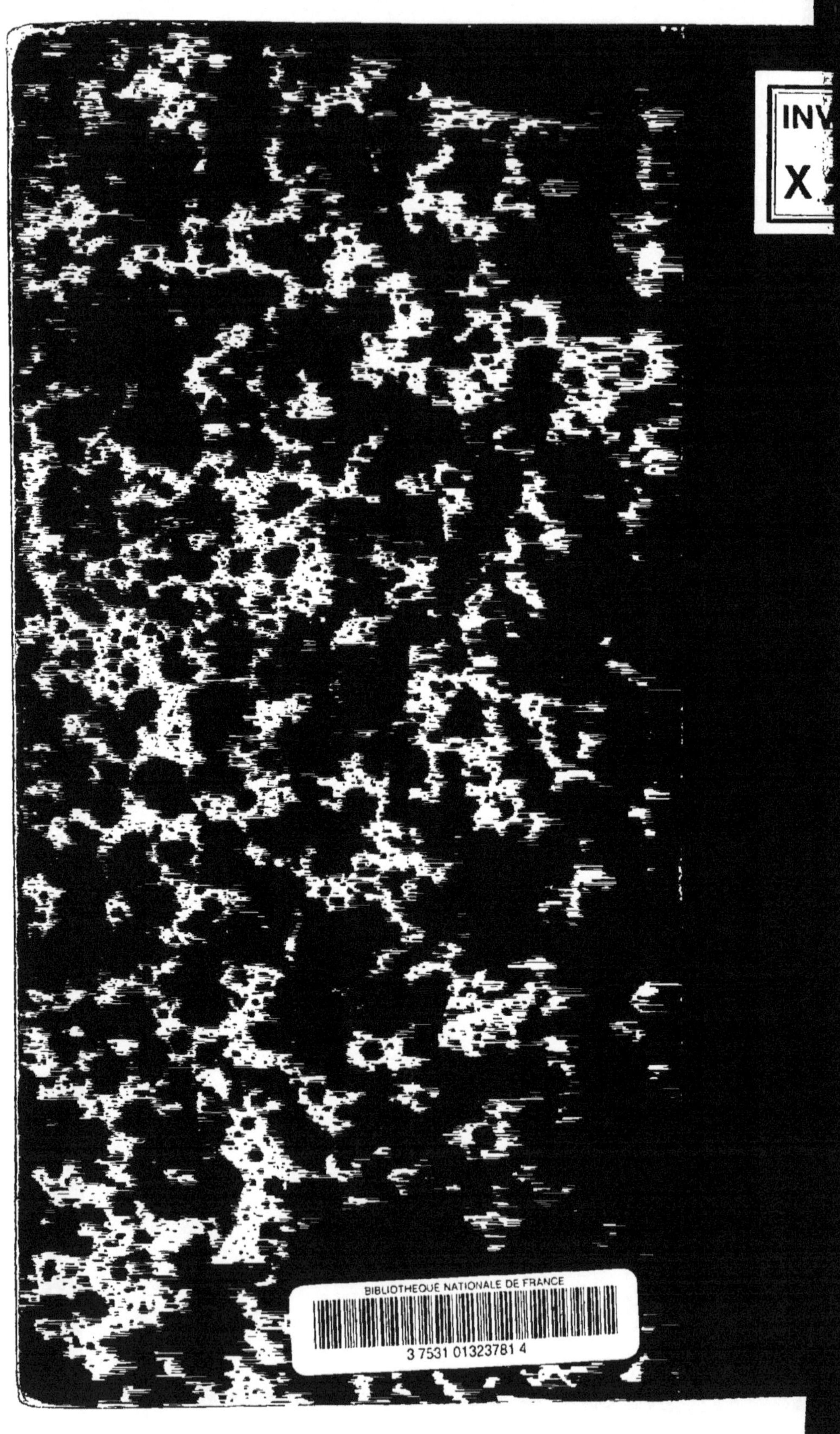